1. Auflage 2021
Originalausgabe

Einband und Illustrationen: Thomas Hussung
Satz: Simone Horlacher/HarperCollins
nach einem Layout von Thomas Hussung
Druck und Bindung: optimal media GmbH, Röbel
Printed in Germany · ISBN 978-3-7488-0068-2

www.dragonfly-verlag.de
Facebook: facebook.de/dragonflyverlag
Instagram: @dragonflyverlag

Klimaneutral
Druckprodukt
ClimatePartner.com/15109-2009-1001

MIX
Papier aus verantwortungsvollen Quellen
FSC
www.fsc.org
FSC® C108521

Thomas Hussung

KREATUREN KRITZELBUCH

Hallo?

Ist da jemand?

Hilfe!

Mal mich hier raus!

DRAGONFLY

Da bist du ja endlich!

Ich meine natürlich: Schön, dass du da bist.

Entschuldige meine Ungeduld.

Aber lange halte ich es hier drin nicht mehr aus.

Über 500 Jahre bin ich jetzt in diesem Buch gefangen. Und dabei mag ich gar keine Bücher. Ich mag Bilder. Und Farben. Ich bin nämlich ein Maler und Zeichner – Oder, besser gesagt, war ich das, bevor ich hier eingesperrt wurde. Warum ich in diesem alten Wälzer herumspuken muss, ist eine lange und schreckliche Geschichte voller Verrat, Gier und Ölfarbe. Ich verstehe, dass du sie am liebsten sofort hören möchtest. Aber erst mal brauche ich deine Hilfe. Quasi als Gegenleistung. Du hilfst mir, hier rauszukommen, und ich erzähle dir die Geschichte.

Und ganz nebenbei lernst du, viele tolle Sachen zu zeichnen.

Ich habe nämlich herausgefunden, wie du mich befreien kannst: **Du malst mich hier raus!**

Keine Sorge, Zeichentalent brauchst du dafür keines.

Trotzdem muss ich testen, auf welchem Stand du bist.

Wie man einen Stift hält, weißt du?

Sehr gut, dann male dieser **Vampir-Fledermaus** doch bitte ein paar Flügel:

Und dieses **Einhorn** braucht unbedingt ein Horn. Es kann lang und gerade sein oder kurz und krumm. Oder vielleicht geschwungen - wie die Hörner eines Widders. Lass deiner Fantasie freien Lauf.

Kannst du einzeichnen, wie das **Seeungeheuer** unter der Wasseroberfläche aussieht?

Du machst das super. Besser als alle anderen, die es über die Jahrhunderte versucht haben.

Ich glaube ganz fest, dass du mir helfen kannst. Fühlst du dich der Aufgabe gewappnet?

Gut, dann lass uns schnell weitermachen. Der Geruch von modrigem Papier hängt mir schon viel zu lange in der Nase.

Nur noch ein letzter Test, bevor das Ritual beginnt:

Male bitte dieses **Monster** bunt an. Badet es in grünem Schleim oder doch eher in brauner Schlammbrühe? Oder gar im roten Blut seiner Feinde?

Bestanden! Und, ja, du hast richtig gelesen, wir starten ein Ritual. Aber keine Sorge, es geht (hoffentlich) ganz ohne Blutvergießen vonstatten.

»Pisces in arboribus raro crescunt!«

Das bedeutet, »auf Bäumen wachsen selten Fische«. Das ergibt zwar keinen Sinn, aber es ist Latein und hört sich irgendwie mysteriös an. Wie ein Zauberspruch, mit dem man ein Ritual beginnt.

Los geht's!

Hast du schon mal einen **Troll** gesehen? Wahrscheinlich nicht. Schon zu meiner Zeit waren die so gut wie ausgestorben. Manchmal findet man aber noch ein Exemplar. Schau mal unter Brücken nach, dort verstecken sie sich oft. Aber Vorsicht, Trolle können gefährlich werden. Meistens sind sie jedoch friedlich. Mit einer einfachen Frage kann man ihr Gehirn überlasten. Probier es mal mit: »Welcher Tag war gestern?«

Solange sie nachdenken, stehen sie regungslos da, und man kann sie in aller Seelenruhe abzeichnen.

Du findest keinen Troll in freier Wildbahn? Kein Problem! Ich erkläre dir jetzt in 10 einfachen Schritten, wie man einen Troll zeichnet.

Siehst du den leeren Rahmen unten auf der gegenüberliegenden Seite? Dort kannst du deinen Troll direkt in das Buch hineinmalen.

1. Positioniere die Nase um das vorgezeichnete Kreuz.

2. Über der Nase befinden sich zwei Hautfalten …

3. … und die Augen.

4. Zeichne die Pupillen nicht ganz geschlossen. Ganz wichtig: die Augenringe.

5. Aus dem Maul ragt ein krummer Eckzahn.

6. Unter dem Maul befindet sich das Kinn und über den Augen ein Wulst.

7. Mit Stirn und Wange nimmt dein Troll langsam Gestalt an.

8. Trolle haben lange spitze Ohren.

9. Die Schultern beginnen dicht unter den Ohren.

10. Mit ein paar Details wie Warzen und Härchen vollendest du deine Zeichnung.

Das hast du t(r)oll gemacht! War doch gar nicht so schlimm, oder? Trolle sind nicht gerade für ihre Schönheit bekannt. Deswegen ist es gar nicht weiter tragisch, wenn dein Troll etwas schief geraten sein sollte.

Und weißt du was? Ich fühle mich schon viel besser. Das Ritual scheint zu funktionieren.

Dann ist es jetzt wohl Zeit, dir zu erklären, warum ich in diesem Buch herumspuken muss:

Vor mehr als 500 Jahren arbeitete ich für einen **Alchemisten.** Das sind Wissenschaftler, die auch gerne mal mit Magie experimentieren. Wie viele Alchemisten war Ignatius Igragurz besessen vom Stein der Weisen.

Der Stein der Weisen verspricht dem Besitzer ewiges Leben. Um ihn herzustellen, braucht man sehr besondere Zutaten von sehr besonderen Wesen. Zum Beispiel:

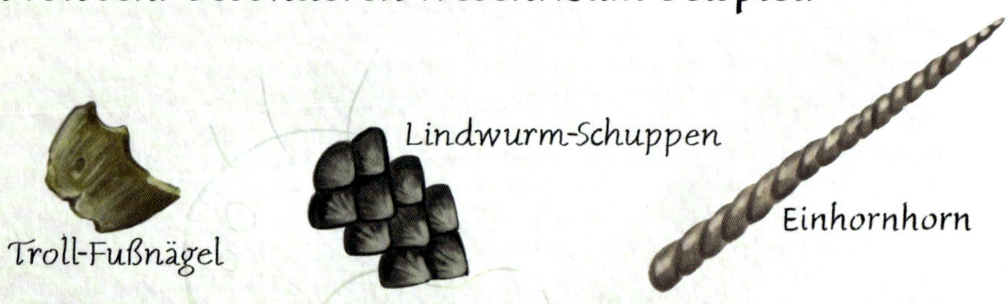

Doof nur, dass solche Wesen schon damals so gut wie ausgestorben waren. Manche Menschen behaupteten sogar, es wären Fabelwesen, die es nie gegeben hätte. Das ist natürlich Quatsch. Ich habe sie mit eigenen Augen gesehen. Und dass sie so selten geworden waren, daran waren nicht zuletzt die Alchemisten schuld.

Hier siehst du den Alchemisten Ignatius Igragurz bei einem seiner finsteren Experimente.

Wenn du die Punkte im Zauberbuch verbindest, erfährst du, welche Kreatur diesmal für seine schwarze Magie dran glauben musste.

Und hier siehst du ein Selbstporträt von mir. Das rechte Bild ist aber eine Kopie, auf der sich fünf Fehler eingeschlichen haben. Wenn du alle Unterschiede suchst und findest, schult das dein künstlerisches Auge und das wiederum kommt unserem Ritual zugute.

Lösung: Haarsträhne fehlt, roter Klecks auf Pallette fehlt, Farbe an Pinsel ist anders, Klammer oben an Leinwand fehlt, Schlaufe der Schürze fehlt.

Dir ist bestimmt aufgefallen, dass ich auf dem Bild nicht besonders glücklich aussehe. Als königlicher **Hofmaler** musste ich immer nur die langweiligen Gesichter von langweiligen Adeligen abbilden. Auf Dauer war das ganz schön … langweilig. Deshalb war ich natürlich Feuer und Flamme, als mir Ignatius Igragurz eine Arbeitsstelle anbot, bei der ich die ganze Zeit Monster und magische Kreaturen malen durfte.

Was ich damals nicht wusste: Durch meinen Pinsel floss meine Lebensenergie in die Bilder. Und diese Energie nutzte Igragurz, um die gemalten Kreaturen auf magische Weise zum Leben zu erwecken. Je mehr Kreaturen ich für ihn malte, desto kraftloser wurde ich. Aber das merkte ich erst, als es bereits zu spät war.

Irgendwann war ich nur noch ein Geist, und Igragurz bannte mich in dieses Buch – wahrscheinlich hatte er Angst, dass ich ihn sonst bis an sein Lebensende heimsuchen würde.

Zum Glück hast du mich gefunden. Wenn dein Stift das Papier des Buches berührt, kann **mein Geist** Stück für Stück **in deinen Zeichenstift** übergehen. Und wenn du alle Kreaturen gemalt hast, die ich für den Alchemisten malen musste, ist der Fluch gebrochen und ich bin frei.

Je besser du wirst, desto schneller kann ich in den Stift schlüpfen. Und je mehr meines Geistes in deinem Stift steckt, desto besser werden deine Zeichnungen.

Bist du mutig genug, um gemeinsam mit mir den Fluch zu brechen?

Perfekt!

Als Erstes malte ich einen **Kobold** für den Alchemisten. Und das ist jetzt auch deine Aufgabe.

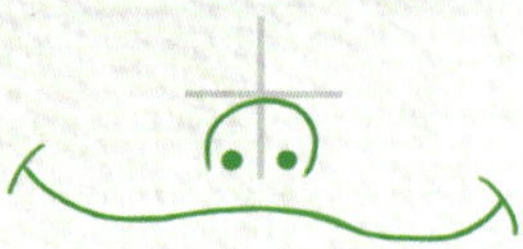

1. Die Nase liegt unterhalb des vorgezeichneten Kreuzes.

2. Ein Kobold hat riesige Glupschaugen.

3. Lass in den Pupillen eine kleine Stelle frei.

4. Runde Backen und ein dünner Hals.

5. Die Stirn ist eine einfache gebogene Linie.

6. Und die Ohren sind groß und spitz.

7. Mit Zähnen, Haaren und Augenbrauen rundest du die Zeichnung ab.

Gut gemacht! Ich kann beinah spüren, wie ich mich mit jedem Strich deines Zeichenstiftes aus diesem Buch löse.

Sobald ich den Kobold vollendet hatte, nahm Igragurz die Leinwand, auf der die Farbe noch nicht mal getrocknet war, und schloss sich damit in seinem Labor ein.

Ich hörte seltsame Geräusche und die Stimme des Alchemisten, der Zauberformeln in geheimnisvollen Sprachen murmelte.

Als Igragurz wieder herauskam, watschelte hinter ihm ein kleines grünes Wesen mit großen Fledermausohren. Der Kobold, der eben noch aus Ölfarbe und Pinselstrichen bestanden hatte, war zu Fleisch und Blut geworden.

Ich war etwas gekränkt, weil er mich, seinen Schöpfer, keines Blickes würdigte, sondern anfing, die schweren Samt-Vorhänge anzuknabbern. Dies war allerdings nicht weiter verwunderlich, da sich Kobolde hauptsächlich von Vorhängen ernähren. Und natürlich von Fledermäusen, Insekten, Kuchen und Bratwürstchen. Eigentlich ernähren sie sich von allem.

Mal also gern dein Lieblingsessen in den untersten Kreis – es wird ihnen auf jeden Fall schmecken!

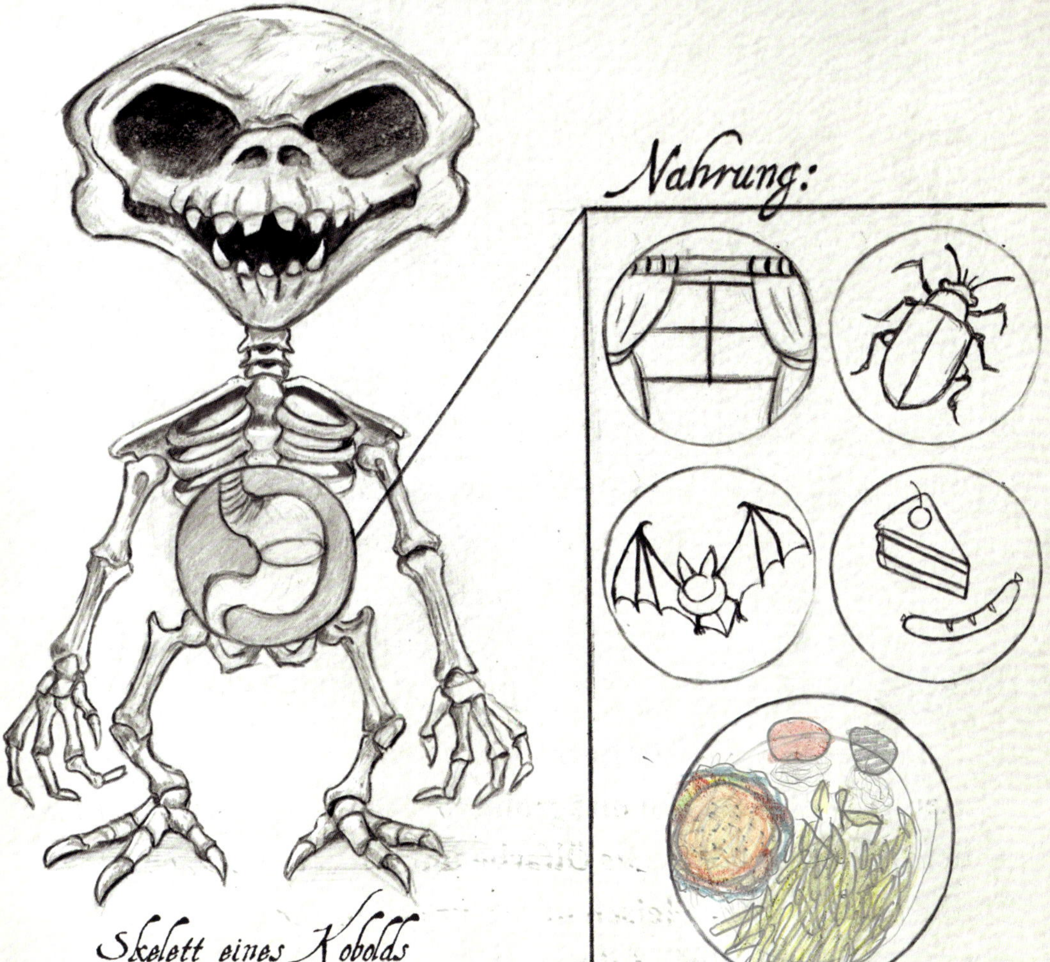

Skelett eines Kobolds

Mein nächster Auftrag war ein **Yeti**, der sagenumwobene Schneemensch aus den eisigen Höhen des Himalayas.

Wenn du bereit bist, blättere um, dann zeige ich dir, wie man solch ein Wesen zeichnet.

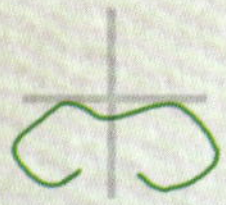

1. Wir fangen mit der Nase an. Positioniere sie mittig unter das vorgezeichnete Kreuz.

2. Zeichne die Nasenlöcher ein.

3. Darüber der Nasenrücken.

4. Die Augenbrauen …

5. … und die Augen.

6. Yetis haben ein breites Maul.

7. Über den Augen befinden sich mehrere Stirnfalten.

8. Ein dichter Backenbart rahmt das Gesicht.

9. An den Hörnern kann man das Alter eines Yetis abschätzen. Je größer, desto älter.

10. Unter den Hörnern befinden sich die pelzigen Ohren. Und darüber ein großes Haarbüschel.

11. Auch die Schultern sind mit dichtem Fell bedeckt.

12. Als Letztes zeichne ein paar Zähne, die aus dem Yeti-Maul ragen.

Als ich das Bild des Yetis vollendet hatte, schlief ich erschöpft in einem Ohrensessel ein.

GROAAAAAH! Ein markerschütterndes Brüllen ließ mich aufschrecken. Eine klauenbewehrte Pranke warf erst meine Staffelei und dann meinen Stuhl um. Hastig verkroch ich mich unter einem Tisch. Dort war ich in Sicherheit, während mein Gemälde das Atelier zerlegte.

Gegenüber siehst du mein Bild des Yeti. Vielleicht hätte ich ihn nicht so wütend malen dürfen. Einen wütenden Yeti zu malen, macht aber einfach mehr Spaß.

Probiere es gerne selbst aus. Male einem dieser Yetis ein freundliches Gesicht, wie du es bereits gelernt hast, und dem anderen ein wütendes Gesicht wie auf dem Bild rechts.

Der Yeti zertrümmerte genüsslich eine Säule, wodurch sich ein Dachbalken von der Decke löste und ihm auf den Kopf krachte. Grunzend kippte er vornüber und blieb benommen liegen. Mit gierigem Blick knipste Igragurz ihm ein Stück seines riesigen Fußnagels ab.

Da verstand ich: Er benötigte Zutaten für den Stein der Weisen.

Ich war sehr gerne bereit, seltene und ausgestorbene Kreaturen für ihn zu malen, solange er sie nicht ernsthaft verletzte. Aber es beruhigte mich, dass er als Nächstes ein harmloseres Wesen brauchte: eine **Elfe.**

Ich habe dir eine kleine Hilfe im Rahmen vorgezeichnet.

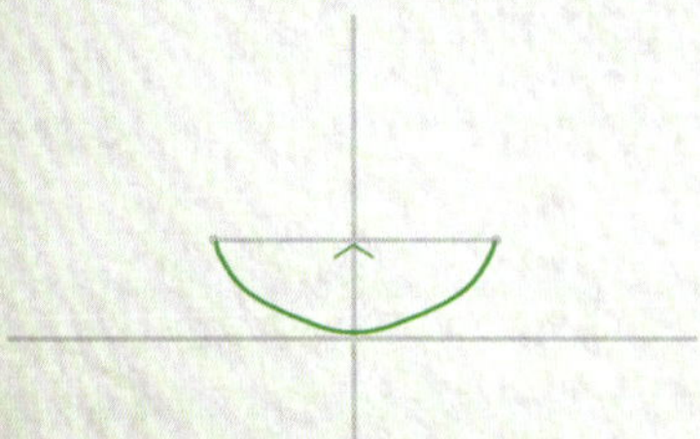

1. Wir fangen mit Kinn und Nase an.

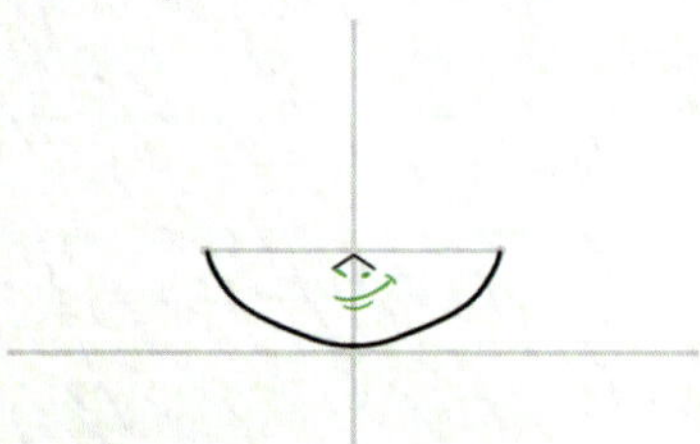

2. Zeichne dann die Nasenlöcher und den Mund unter die Nase.

3. Die Elfe hat lange geschwungene Wimpern …

4. … und große dunkle Augen.

5. Das Gesicht ist von Haarsträhnen gerahmt.

6. Die Ohren sind groß und spitz.

7. Kommen wir nun zu den Schultern.

8. Das Wichtigste sind natürlich die Flügel. Sie sind viergeteilt.

9. Die Haare winden sich hinter den Flügeln nach vorne.

10. Wir vollenden die Zeichnung mit einem schicken Elfenhemd.

Diesmal konnte ich zuschauen, wie das Gemälde zum Leben erweckt wurde. Igragurz malte seltsame Symbole um die Staffelei auf den Boden und murmelte dabei Beschwörungsformeln. Kurz darauf schwirrte eine entzückende Elfe durch das Labor. Die Leinwand auf der Staffelei war leer.

Im Flug versprühte die Elfe Elfenstaub, der in glitzernden Wölkchen in der Luft schwebte. Igragurz fing ihn mit einem feinen Netz auf und füllte ihn säuberlich in ein Einmachglas.

Wenn du willst, kannst du dich auch mal im Elfenstaubsammeln versuchen.

!

Präge dir die Position der pinken Staubwölkchen genau ein. Setze dann deinen Stift über der Öffnung des Einmachglases unten rechts an und zeichne mit geschlossenen Augen eine Linie, die die Staubwölkchen miteinander verbindet. Jedes Wölkchen, das von der Linie berührt wird, gilt als eingesammelt. Die Linie darf sich allerdings niemals selbst berühren. Wie viele Elfenstaubwolken schaffst du?

Gar nicht so einfach, oder?

Du kannst die Augen jetzt übrigens wieder öffnen.

Okay, das war echt blöd von mir. Mit geschlossenen Augen könntest du das gar nicht lesen.

Ich gehe also davon aus, dass du mit offenen Augen auf die nächste Zeichenaufgabe wartest. Wir zeichnen wieder ein geflügeltes Wesen, nämlich einen **Quappfluppler.** Quappfluppler sind ungefähr so groß wie Elfen, aber um einiges hässlicher.

1. Wir fangen an mit Nase und Lippe. Zeichne sie in das vorgezeichnete Rechteck.

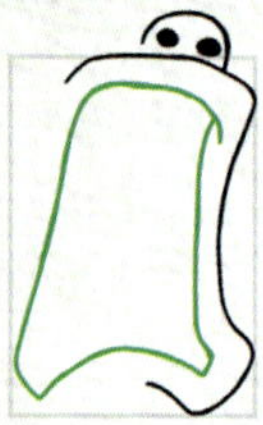

2. Der Mund ist weit geöffnet.

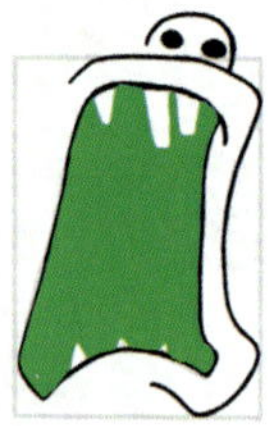

3. Male den Mund aus. Vergiss dabei nicht die Zähne.

4. Die Augen müssen nicht dieselbe Größe haben.

5. Unter den Augen sitzen dicke Augenringe und unter dem Mund das Kinn.

6. Auf den Backen sitzen ein paar Warzen.

7. Der Unterkörper und der Nasenrücken bestehen aus Hautfalten.

8. Die Stirn passt sich an die Form de Augen an.

9. Dann kommen wir zu den Flügen.

10. Sie sind weit ausgebreitet.

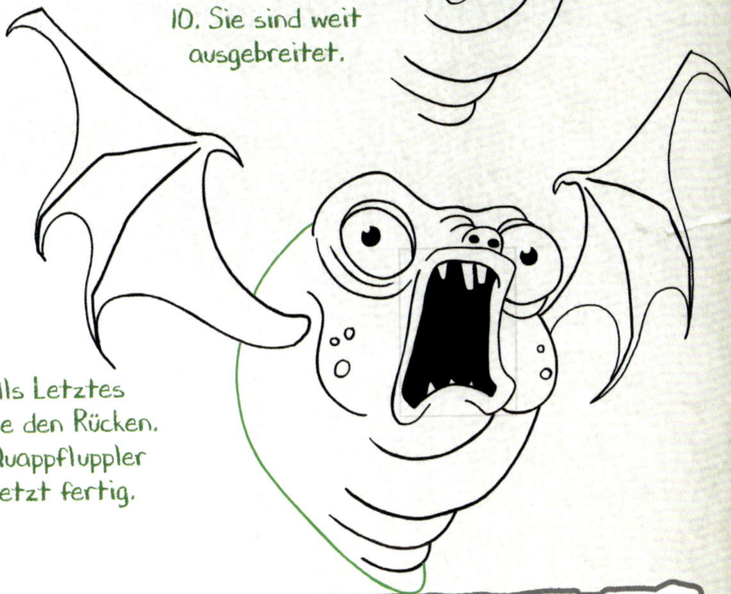

11. Als Letztes zeichne den Rücken. Der Quappfluppler ist jetzt fertig.

Kein Quappfluppler sieht aus wie der andere. Nur eins haben sie gemeinsam: Bis auf die Flügel haben sie keine weiteren Gliedmaßen. Sie bestehen quasi nur aus einem fliegenden Kopf. Wenn du jetzt aber glaubst, sie wären deswegen besonders klug, muss ich dich leider enttäuschen. Quappfluppler sind so dumm, dass sie manchmal sogar vergessen, wie ihre Flügel funktionieren. Fliegen können sie dann zwar immer noch, aber nur noch in eine Richtung: nach unten.

Der Quappfluppler, den ich für Ignatius Igragurz malte, flog jedoch hoch ins Deckengebälk, bevor der Alchemist den kostbaren Quappflupplerschleim abzapfen konnte. Dort oben musste sich ein wildes Quappflupplerweibchen eingenistet haben, denn nach einigen Tagen wimmelte das Laboratorium von kleinen Quappflupplerbabys. Die nervten mich beim Malen so sehr, dass ich mir fast den zornigen Yeti zurückwünschte.

Igragurz hatte noch eine bessere Idee: Er ließ mich ein Wesen malen, das am liebsten Quappfluppler verspeiste.

Wenn du wissen willst, welches Wesen das war, verbinde die Punkte in der richtigen Reihenfolge.

Ausgezeichnet! Ich spüre förmlich, wie sich mein Geist mit jedem Strich deines Stifts aus diesem Buch löst.

Das ist übrigens ein **Greif**, den du da zu Papier gebracht hast. Während des Malens wurde ich von mehreren neugieren Quappflupplerbabys umflattert. Ich bekam ein wenig Mitleid und versuchte deshalb, den Greif möglichst satt und vegetarisch aussehen zu lassen.

Greife sind verwandt mit **Chimären**, und das sind die nächsten Kreaturen, die wir zusammen zeichnen.

7. Nun kommen wir zu den Augen ...

8. ... und dem unteren Teil des Schnabels.

9. Das Gesicht ist gerahmt von einer buschigen Mähne.

10. Die Mähne bekommt noch ein paar Details, und um die Augen hat die Chimäre ein paar Falten. Zuletzt zeichne den Schwanz und die Ohren.

Chimären sind Kreaturen, die sich aus vielen verschiedenen Wesen zusammensetzen. Deshalb können sie sehr unterschiedlich aussehen. Die Chimäre, die du eben gezeichnet hast, bestand aus einem Adler, einem Löwen und einem Einhorn.

Hier siehst du drei Chimären und alle Tiere, aus denen sie bestehen. Verbinde die Chimären mit den richtigen Tieren.

Lösung: A: 4,7,9 B: 3,5,6 C: 1,2,8

Und jetzt bist du dran: Verbinde dein Lieblingstier, ein Tier, vor dem du Angst hast, und das letzte Tier, das du gestreichelt hast, zu einer eigenen Chimäre.

Wenn du nicht alle Tiere zeichnen magst, kannst du auch Bilder aus Zeitschriften ausschneiden und entsprechend zusammengesetzt hier einkleben.

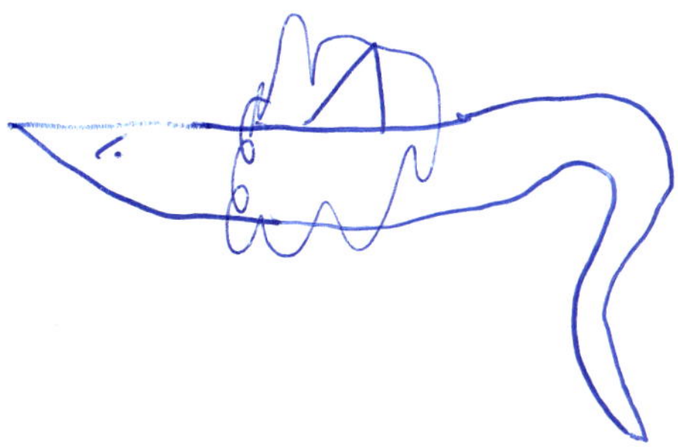

Wir bleiben bei Mischwesen aus der griechischen Mythologie. Als Nächstes zeichnen wir einen Menschen mit dem Unterleib eines Pferdes. Diese Wesen zählen allerdings nicht zu den Chimären, sondern werden Zentauren genannt.

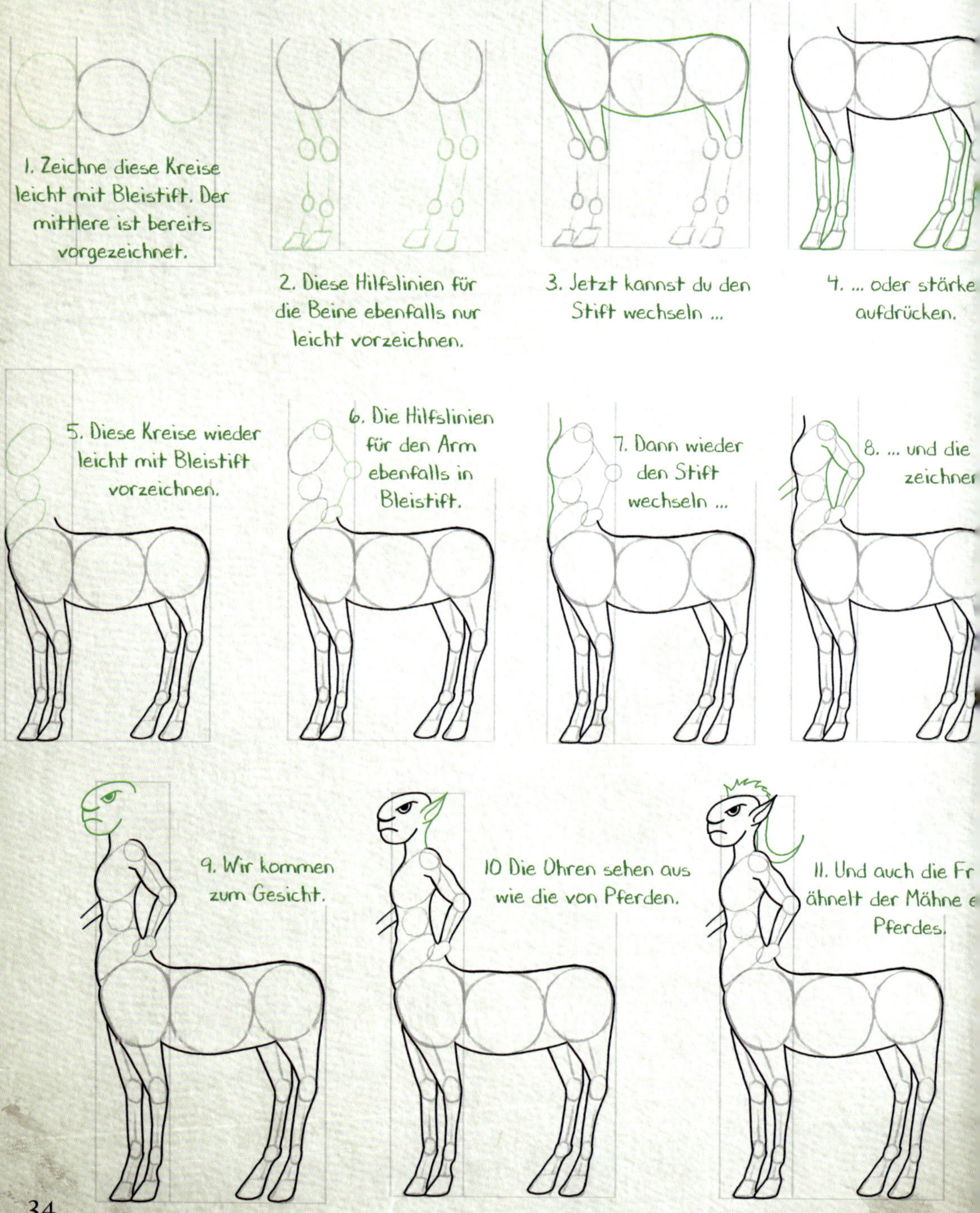

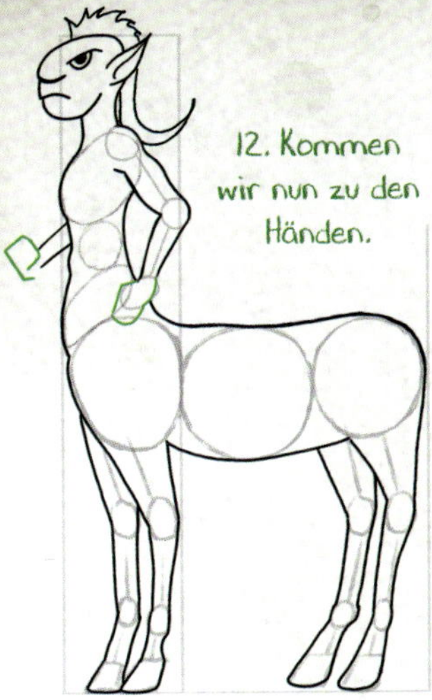

12. Kommen wir nun zu den Händen.

13. In der einen Hand hält der Zentaur einen Speer.

14. Mit dem Schwanz beenden wir die Zeichnung.

Zentauren sind sehr stolze Wesen und schnell beleidigt. Einmal sah ich einen Zentaur mit schmerzverzerrtem Gesicht am Boden liegen und fragte, ob er Hilfe brauche. Der Zentaur nahm mir das ziemlich übel. Zentauren brauchen niemals Hilfe! Schon gar nicht von Menschen. Da war ich also ordentlich ins Fettnäpfchen getreten. Natürlich nicht wirklich. Das sagt man nur so. Der Zentaur war lustigerweise aber wirklich in ein Fettnäpfchen getreten. Deswegen war er ausgerutscht und hingefallen.

Der Zentaur, den ich für Igragurz malte, war zum Glück nicht ganz so empfindlich. Er murrte nur ein wenig darüber, dass ich ihm so wenig Bauchmuskeln gemalt hatte.

Ich möchte dir noch ein letztes Mischwesen aus der griechischen Mythologie vorstellen.

Diesmal versuchen wir es mit einer neuen Technik.
Male alle Formen mit Punkten schwarz an.

Weißt du, welches Wesen du da gemalt hast?

Habe ich gerade »Stier« gehört? Das ist fast richtig, aber lass das einen Minotaurus niemals hören. Das würde er nämlich als eine schlimme Beleidigung auffassen – da sind sie ähnlich empfindlich wie Zentauren.

Aber nicht nur in der griechischen Mythologie gibt es Fabelwesen. Wir haben auch welche direkt vor der Haustür. Den Gnom zum Beispiel.

10. ... die Arme und Ohren ...

11. ... und die Hände.

12. Kommen wir nun zum Wichtigsten: der Zipfelmütze.

Gnome gehören zu den faulsten Lebwesen überhaupt. Ihre Sprache umfasst nicht mehr als 100 Wörter, da sie zu faul sind, sich neue auszudenken. Stattdessen hat jedes Wort mehrere Bedeutungen, was eine Unterhaltung etwas schwierig machen kann. Man weiß nie, ob dir ein Gnom einen Guten Morgen wünscht, oder dich vor einem tollwütigen Kamel hinter dir warnt. Tipp: Also immer erst umschauen, bevor du zurückgrüßt.

Der Gnom, den ich gemalt hatte, war aber sogar zu faul, um uns einen guten Morgen zu wünschen. Kaum hatte ihn Igragurz zum Leben erweckt, machte er es sich in der Schublade mit meinen Malutensilien bequem und begann zu schnarchen.

Um ganz ehrlich zu sein: Eigentlich sollte ich ein Heinzelmännchen malen und keinen Gnom. **Heinzelmännchen** sind fleißige kleine Wesen, die nichts lieber tun, als im Haushalt zu helfen.

Leider sehen sie fast genauso aus wie ihre engen Verwandten, die Gnome. Doch schließlich fand ich heraus, worin sie sich unterscheiden. Siehst du es auch? Wer ist das Heinzelmännchen?

Lösung: Figur E ist das Heinzelmännchen, da es als Einziger spitze Ohren hat.

Ein entfernter Verwandter von Gnomen und Heinzelmännchen ist der Leprechaun.

Da Igragurz sehr an dessen Barthaar interessiert war, trug er mir auf, einen zu malen.

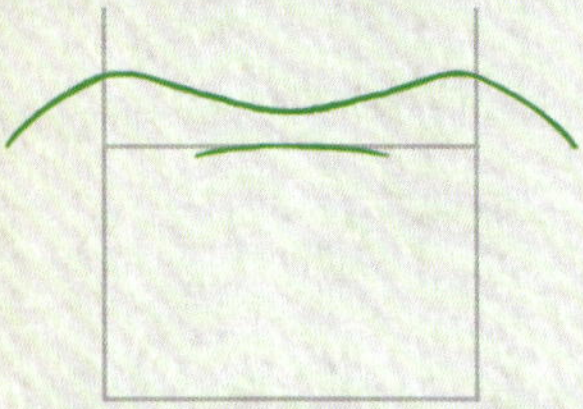

1. Zeichne die Hutkrempe dicht über dem oben vorgezeichneten Querstrich ein.

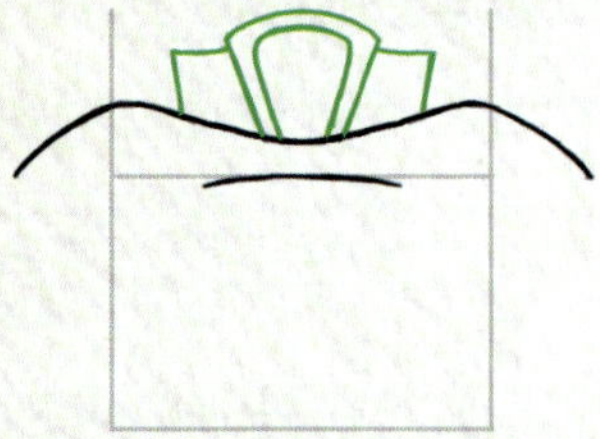

2. Darüber sitzt ein Hutband mit Schnalle ...

3. ... und darunter die Augenbrauen.

4. direkt unter den Augenbrauen sitzen die Augäpfel ...

5. .. und darin die Pupillen.

6. Die Nase ist lang und schief.

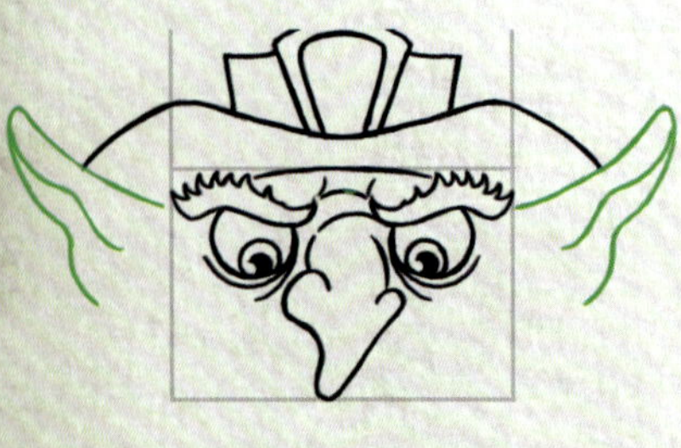

7. Kommen wir nun zu den Ohren.

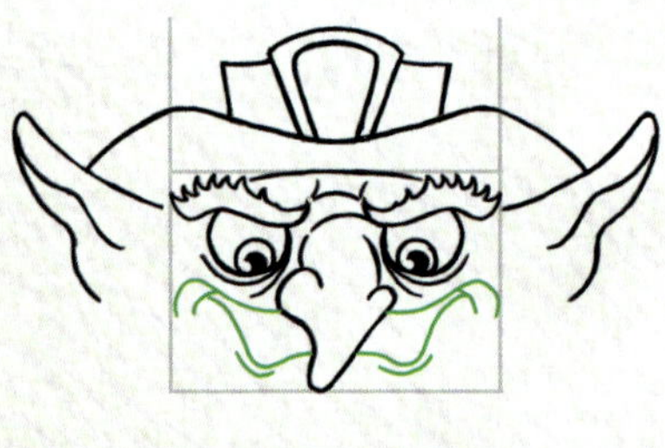

8. Der Mund liegt hinter der Nase.

9. Von den Ohren aus abwärts verläuft der Bartansatz.

10. Das Kinn ist verborgen hinter einem Bart.

11. Zeichne die Zähne und neben die Augen ein paar Falten. Auf die Nase kommen ein paar Warzen.

12. Zum Schluss vervollständigst du den Hut und damit auch die Zeichnung.

Kaum war der Leprechaun lebendig, beschuldigte er uns, seinen Topf mit Gold gestohlen zu haben.

Leprachauns schleppen nämlich meistens einen Kessel voller magischer Goldstücke mit sich herum, und ich hatte doch glatt vergessen, ihm einen zu malen.

Schließlich willigte der Leprachaun ein, drei seiner Barthaare gegen 5 Silbermünzen einzutauschen.

Igragurz hatte aber den Verdacht, dass es sich dabei nicht um Barthaare handelte, und auch ich fand, dass sie verdächtig nach Achselhaaren rochen. Glücklicherweise konnte man für den Stein der Weisen stattdessen auch die Schuppen eines **Kelpies** verwenden.

Dieses Mal wollte ich unbedingt alles richtig machen. Deshalb las ich alles über Kelpies, das ich in die Hände kriegen konnte. Dennoch übersah ich ein durchaus wichtiges Detail: Kelpies sind Wassertiere. Sie leben in den schottischen Lochs, und so ein Loch ist um einiges größer als die Badewanne eines Alchemisten. Das arme Tier passte zwar gerade so hinein, aber für das Wasser war dann kein Platz mehr.

Verbinde die Punkte in der richtigen Reihenfolge, wenn du wissen willst, wie Kelpies aussehen.

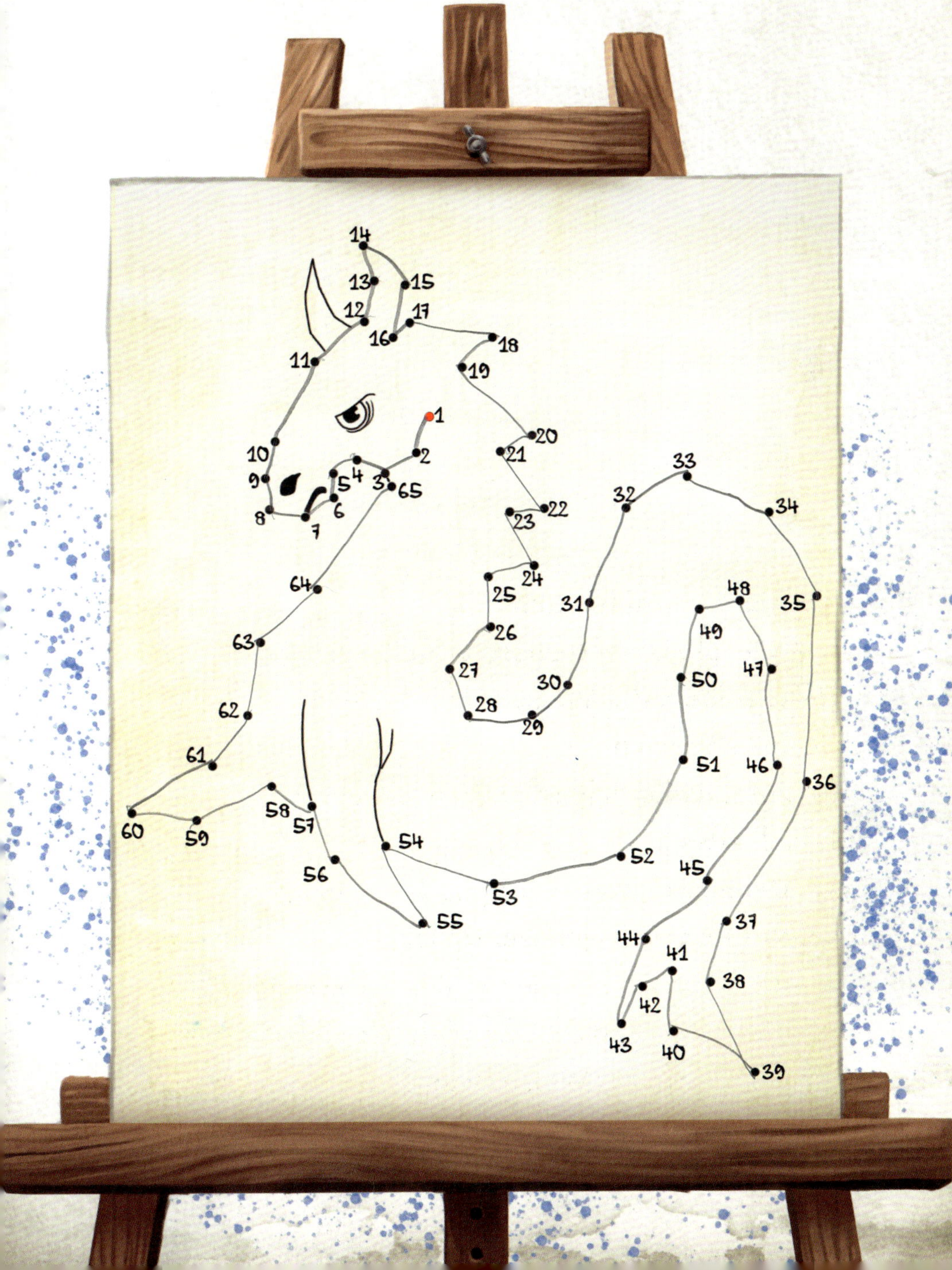

Nachdem sich Igragurz ein paar Schuppen geklaut hatte, setzte er das Kelpie im Fluss aus. Die Badewanne war also wieder frei für das nächste Wesen, das ich malen musste: eine Meerjungfrau.

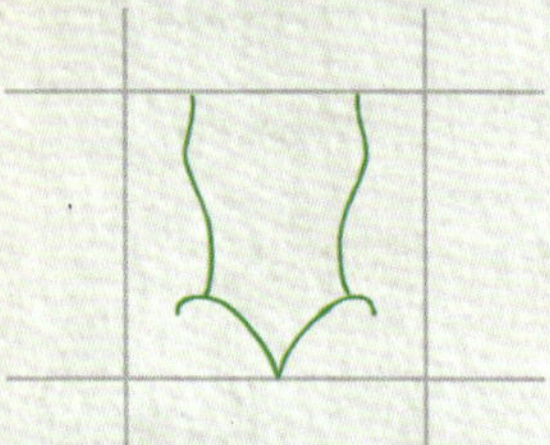

1. Zeichne den Oberkörper in das vorgezeichnete Quadrat in der Mitte der Zeichenfläche.

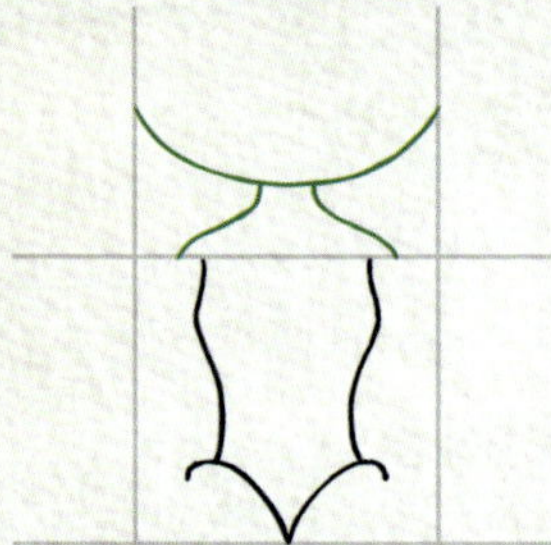

2. Darüber die Schultern und das Kinn.

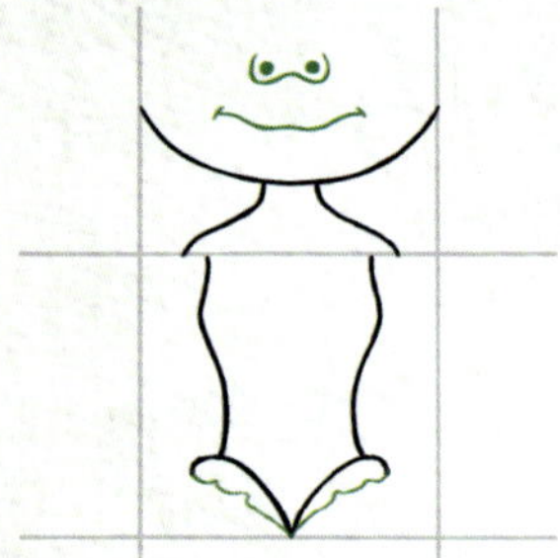

3. Danach Nase und Mund sowie den Ansatz der Schwanzflosse.

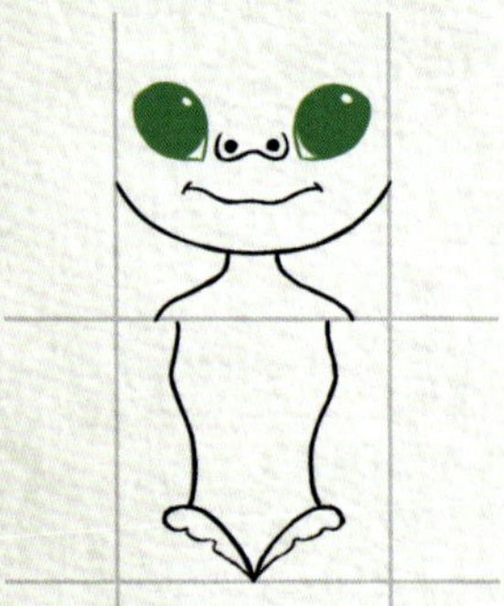

4. Die Augen sind fast ganz schwarz.

5. Die Haare wehen in der Meeresströmung.

6. Die Finger berühren den unteren der beiden vorgezeichneten Querstriche.

7. Darunter sitzt der für Meerjungfrauen typische Fischschwanz.

8. Mit der Frisur waren wir noch nicht ganz fertig.

9. Am Oberkörper sitzen ein paar Schuppen.

10. Der Bauchnabel und die Flosse vollenden die Zeichnung.

Es heißt immer, Meerjungfrauen wären begabte Sängerinnen und hätten mit ihrem zauberhaften Gesang schon so manchen Seemann über die Reling seines Schiffes gelockt.

Das ist großer Unsinn. Diese armen Seefahrer wollten einfach nur dem grausigen Gesang entkommen.

!

Du willst wissen, wie schief Meerjungfrauen singen? Setze deinen Stift auf den roten Punkt in der Mitte des Notenschlüssels. Präge dir den Verlauf der Noten genau ein und versuche dann mit geschlossenen Augen, alle Noten mit einer Linie zu verbinden. Wenn dein Stift mehr als 3 Notenpunkte berührt, hast du mehr Töne getroffen als die Meerjungfrau.

Enge Verwandte der Meerjungfrauen sind die Nixen. Sie haben allerdings keinen Fischschwanz, sondern lange Froschbeine.

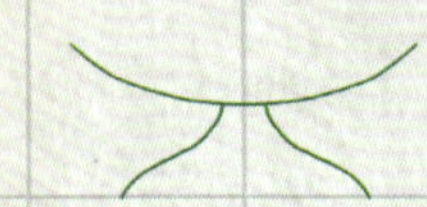

1. Zeichne Schultern und Kinn über den vorgezeichneten Mittelstrich.

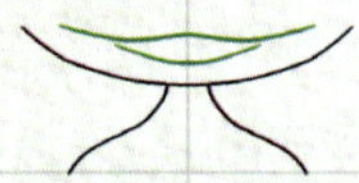

2. Darüber sitzt die Unterlippe.

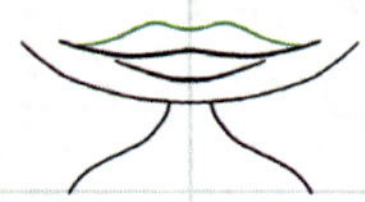

3. Und natürlich auch die Oberlippe.

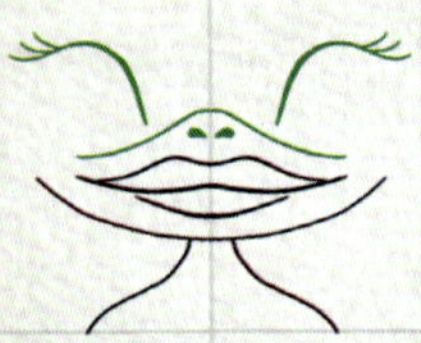

4. Zeichne Nase und Wimpern darüber.

5. Über den Wimpern sitzen die Augenlider ...

6. ... und darunter die Augen.

7. Zwischen den Haaren schauen Flossen-ähnliche Ohren hervor.

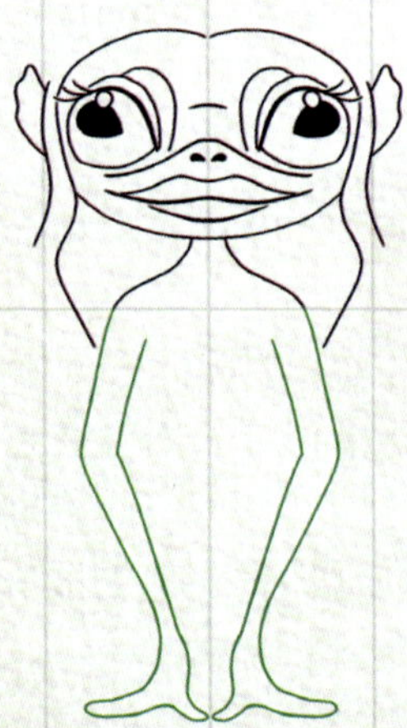

8. Die Hände reichen bis fast zum Ende der vorgezeichneten Striche hinunter.

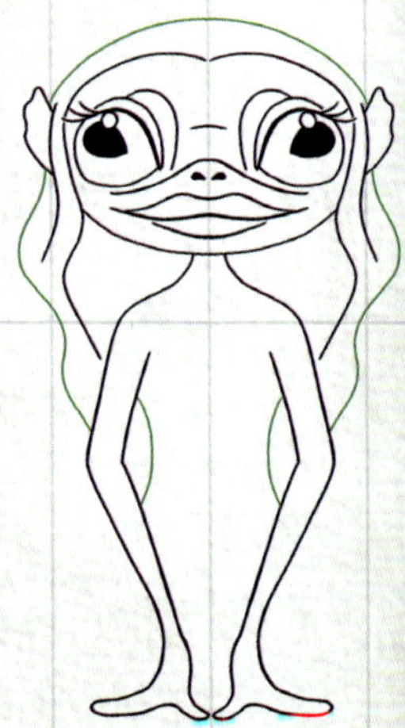

9. Die langen Haare reichen weit über die Schultern.

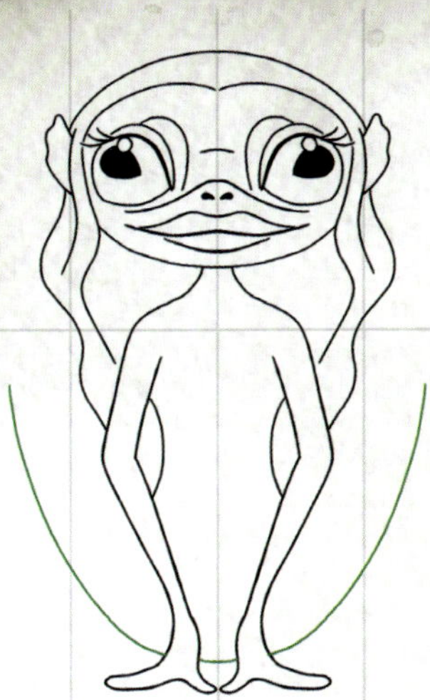

10. Wir zeichnen einen nach oben geöffneten Bogen,

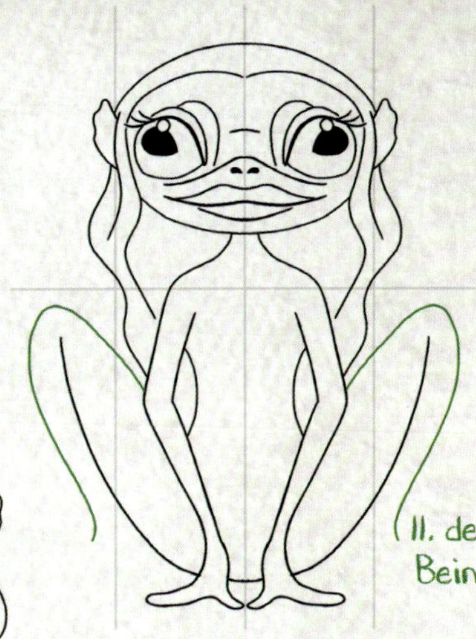

11. der zu den Beinen wird.

12. Zuletzt zeichnen wir die Frosch-ähnlichen Füße ein.

Während Meerjungfrauen Salzwasser bevorzugen, leben Nixen in Seen, Tümpeln und Flüssen. Auch halten sie sich nicht für begabte Gesangstalente – ein weiterer sehr begrüßenswerter Unterschied zu ihren Verwandten im Meer.

Nixen verbringen die meiste Zeit unter Wasser, müssen aber zum Luftholen an die Wasseroberfläche kommen. Da sie mehrere Tage die Luft anhalten können, passiert dies relativ selten – meistens an einem Mittwoch.

Gegenüber siehst du eine Nixe, die zum Atmen aufgetaucht ist. Im Wasser darunter habe ich eine Aufgabe für dich vorbereit.

!

Zeichne mit deinem Stift den richtigen Weg im Labyrinth nach. Aber halte dabei den Atem an, schließlich befindest du dich unter Wasser. Schaffst du es bis zum Ausgang, bevor dir die Luft ausgeht?

Als Nächstes brauchte Igragurz die Tränen eines Phönix. Nach den ganzen Wasserwesen war eine Kreatur aus dem Element des Feuers eine willkommene Abwechslung.

1. Zeichne die Füße des Phönix in das Rechteck unter der unteren vorgezeichneten Linie.

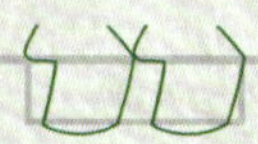

2. Dann zeichne die Stange dazu, auf der er sitzt.

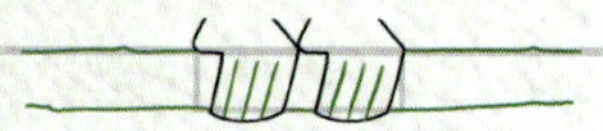

3. Die Beine des Phönix sind mit Federn geschmückt.

4. Der Hals ebenso.

5. Zeichne einen Teil des Schnabels.

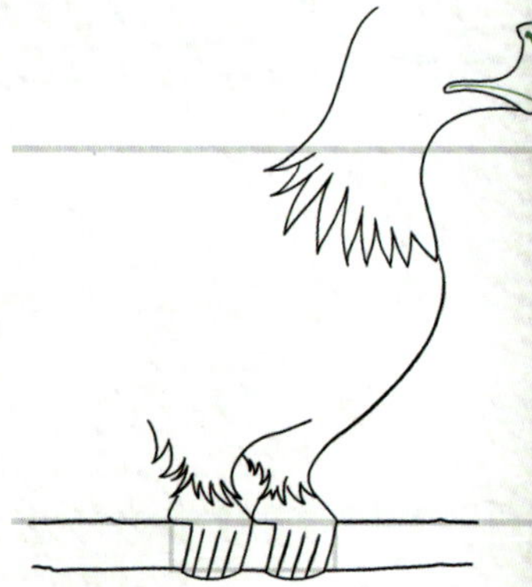

6. Die Spitze des Schnabels berührt die obere Linie.

7. Wir zeichnen das Auge.

8. Auf dem Kopf sitzt ein großes Federbüschel.

9. Die Flügel sind dicht an den Körper angelegt.

10. Zeichne ein paar einzelne Federn zu den Flügeln …

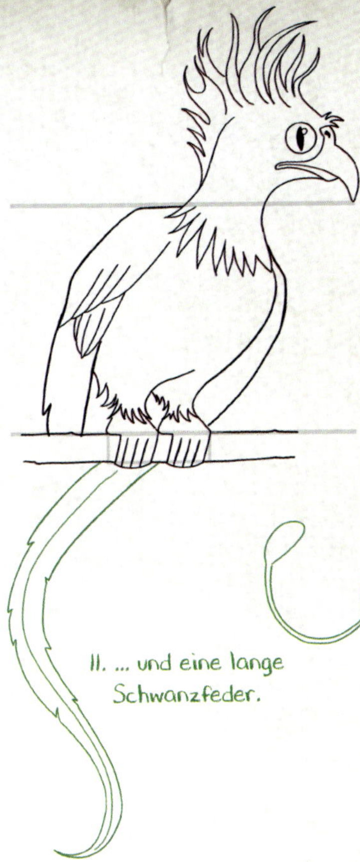

11. … und eine lange Schwanzfeder.

12. Vollende den Phönix mit einer weiteren Schwanzfeder und zwei prächtigen Schmuckfedern.

Wenn Phönixe sterben, gehen sie in Flammen auf und werden aus der Asche wiedergeboren. Ihre Tränen sollen magische Fähigkeiten besitzen und sind daher eine wichtige Zutat für den Stein der Weisen.

Ich schlug vor, dem Vogel eine traurige Geschichte zu erzählen, um ihn zum Weinen zu bringen. Igragurz wollte es mit frisch geschnittenen Zwiebeln versuchen.

Schließlich entschieden wir uns für den denkbar schlechtesten Kompromiss und erzählten dem Phönix eine herzzerreißende Geschichte über eine einsame Zwiebel.

Anstatt in Tränen auszubrechen, begann der Phönix mit der Pflege seines Gefieders. Nicht dass er es nötig gehabt hätte. Seine Flügel schimmerten in den schönsten Farben.

Ich war ziemlich stolz, immerhin hatte ich diese Farben auf meiner Palette zusammengemischt.

Das kannst du auch!
Male die gegenüberliegende Phönixzeichnung
bunt an.

Vor dem nächsten Gemälde hatte ich ein bisschen Angst. Vielleicht erkennst du, warum, wenn du selbst den Draugr zeichnest.

1. Wir fangen mal wieder mit der Nase an.

2. Darüber der Nasenrücken und die Stirn.

3. Die Augenhöhlen sind leer. Zeichne sie daher schwarz.

4. Über die Augen zeichnen wir einen Teil des Helms ...

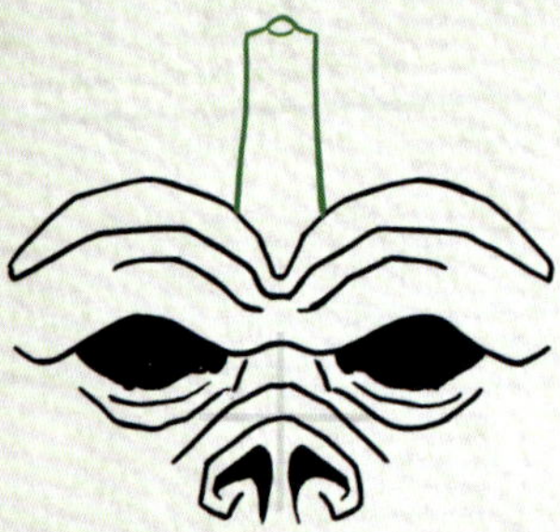

5. ... einen weiteren Teil des Helms ...

6. ... und den Rest des Helms.

7. Ein Draugr hat eingefallene Wangen und strähniges Haar.

8. Unten am Kinn sitzt der Bartansatz ...

9. ... und darüber der Mund.

10. Der Bart ist ziemlich struppig ...

11. ... und die Haare strähnig.

12. Vor dem letzten Schritt fügen wir noch ein paar Details ein.

13. Als Letztes zeichne zwei Hörner an den Helm. Eins davon ist bereits abgebrochen.

Draugar sind Untote. Und als sei das nicht schon gruselig genug, waren sie zu ihren Lebzeiten blutrünstige Wikingerkrieger.

Doch meine Sorge war unbegründet. Der Draugr war weder gefährlich noch blutrünstig. Er torkelte ziellos umher, stieß gegen Wände und geschlossene Türen und erkundigte sich mehrmals höflich, wo es denn bitte nach Wallhalla ginge.

Auf der Seite gegnüber siehst du Ølav Ølvir Ølgrimmson, einen netten Herrn aus Norwegen, mit dem ich studiert habe. Er war meine Vorlage für den Draugr. Natürlich musste ich ein paar optische Änderungen vornehmen, um einen richtigen Untoten aus ihm zu machen.

! Du kannst es ja auch mal versuchen. Wie du das anstellst, ist ganz egal. Übermale die Augen mit schwarzen Höhlen, pinsel ihn mit grüner Wasserfarbe ein, beckleckere ihn mit Tee ...

Du kannst die Seite auch ausreißen, im Garten vergraben und dort für ein paar Nächte lassen. Dann gräbst du sie aus und klebst sie wieder hier ins Buch ein. Hauptsache, Ølav sieht am Ende schön mitgenommen aus.

Es folgte ein **Basilisk.** Diese Riesenschlangen sehen ziemlich fies aus. Doch da der Draugr so harmlos gewesen war, hatte ich keine großen Bedenken.

1. Zeichne die Pupille so, dass der senkrechte Strich des vorgezeichneten Kreuzes genau in der Mitte sitzt.

2. Dann zeichnest du den Rest des Auges.

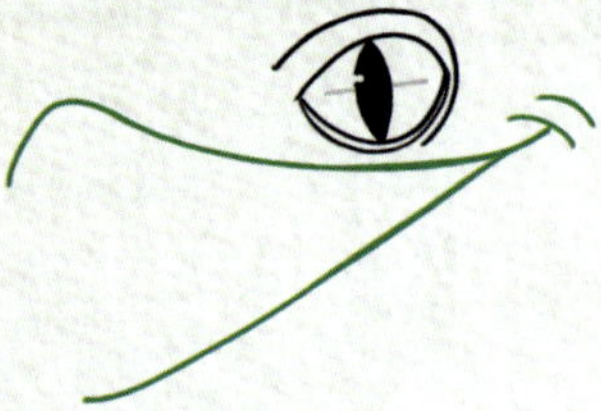

3. Dicht darunter sitzt das geöffnete Maul.

4. Mit scharfen Giftzähnen darin.

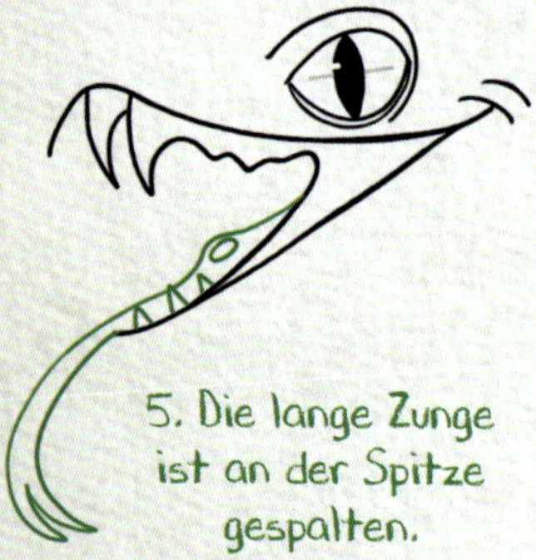

5. Die lange Zunge ist an der Spitze gespalten.

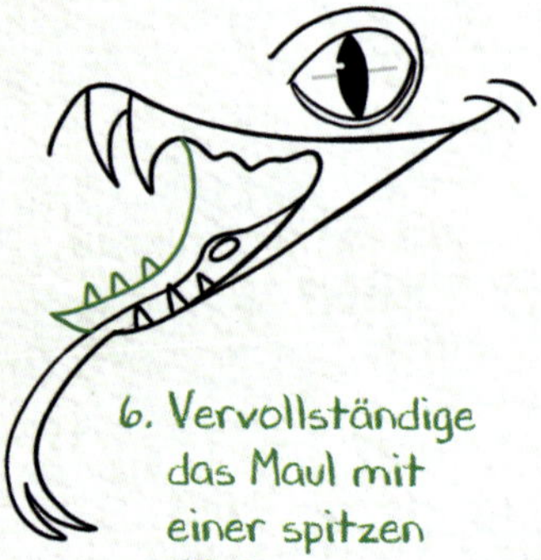

6. Vervollständige das Maul mit einer spitzen Zahnreihe.

7. Zeichne den unteren Teil des Schnabels.

8. Zeichne den oberen Teil des Schnabels.

9. Der Basilisk hat einen Kamm, so ähnlich wie ein Hahn.

10. So sieht der Körper aus. Wie genau er sich schlängeln soll, entscheidest du.

Bevor Igragurz den Basilisken zum Leben erweckte, musste ich die Augen schließen. Denn wer in die Augen eines Basilisken blickt, erstarrt für immer zu Stein.

Das hätte er mir ja mal früher sagen können, dann hätte ich ihm einfach keine Augen gemalt.

Ich hörte Kampfgeräusche und das Zischen des Basilisken, dann sagte Igragurz, ich könne die Augen wieder öffnen.

Der Alchemist sah etwas zerupft aus, in einer Hand hielt er ein Reagenzglas mit einer dampfenden Flüssigkeit – Gift des Basilisken. Doch der Basilisk selbst war verschwunden. Er hatte sich wohl irgendwo versteckt.

Das war nun allerdings sehr beunruhigend. Aus Angst, dass der Basilisk plötzlich hinter meiner Staffelei auftauchen würde, malte ich die nächste Kreatur mit geschlossenen Augen.

! Wenn du wissen willst, wie schwierig das ist, kannst du ja mal versuchen, die vorgezeichneten Linien des Golems mit geschlossenen Augen nachzuzeichnen. Du darfst natürlich ein paar Pausen machen, um zu spitzeln.

Als Igragurz mir auftrug, ein **Einhorn** zu malen, war ich sehr erfreut. Endlich mal wieder ein friedliches Wesen!

Dass ich damit nicht ganz richtiglag, siehst du gleich. Aber erst mal zeichnen wir. Im Grunde sieht ein Einhorn aus wie ein Pferd mit einem Horn auf der Stirn. Da wir beim Zentaur ja bereits einen Pferdekörper gemalt haben, konzentrieren wir uns diesmal auf den Kopf.

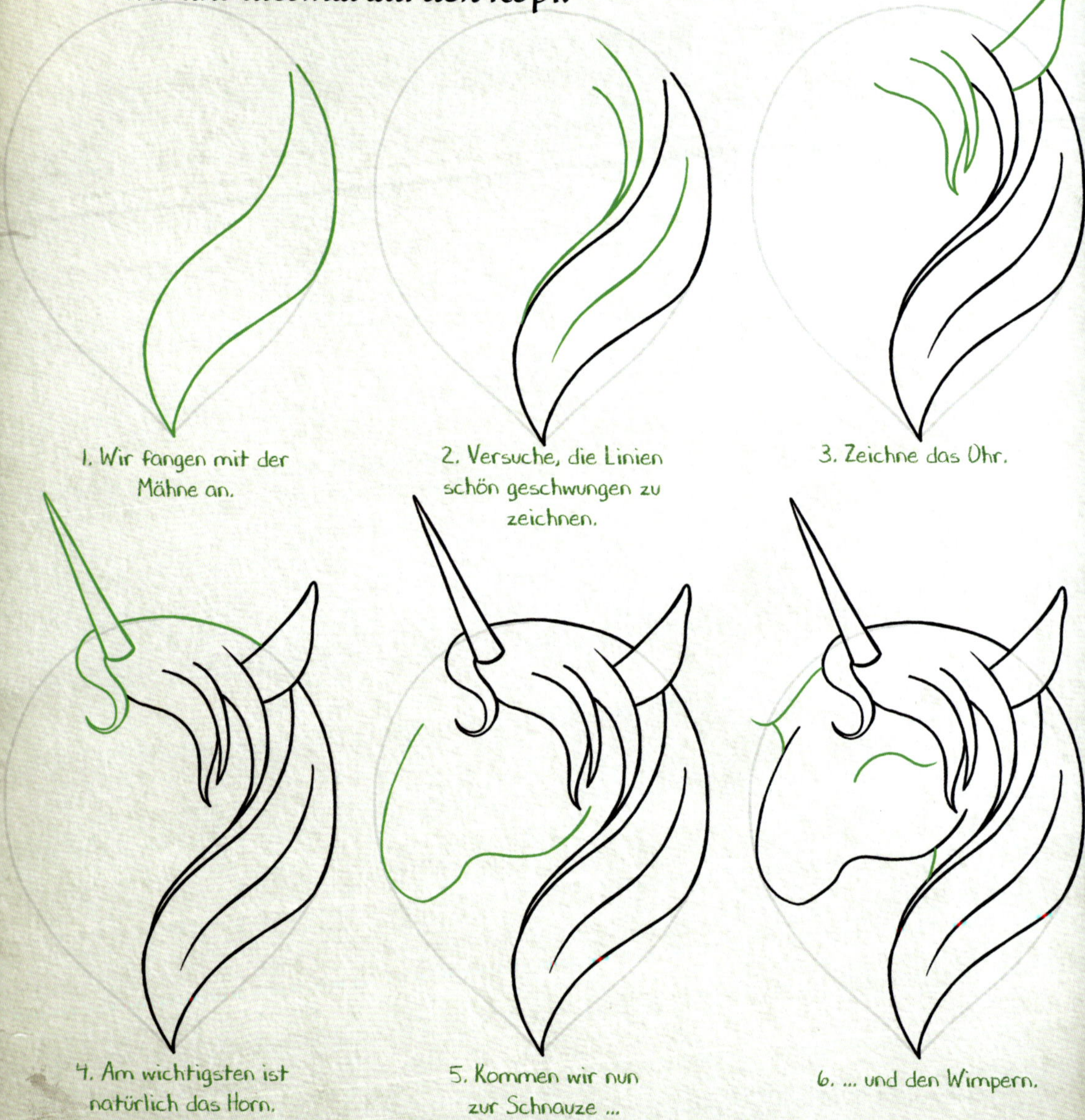

7. Die Augen sind relativ groß.

8. Zeichne nun den Bereich um die Augen.

9. Als Letztes zeichnen wir die Nüstern und das zweite Ohr.

Einhörner sind sehr friedliche und sanfte Wesen. Nur wenige Dinge können sie aus der Ruhe bringen. Eins dieser Dinge ist es, ihr Horn ungefragt abzuschneiden. Und genau das tat Igragurz.

Die gute Nachricht war, dass Einhorn Hörner innerhalb weniger Sekunden wieder nachwachsen, die schlechte Nachricht war, dass das frisch gewachsene Horn als Waffe gegen den Alchemisten und mich eingesetzt wurde.

Geistesgegenwertig begann ich damit, die Wände in leuchtenden Regenbogenfarben einzupinseln und kippte über Igragurz und mich selbst jeweils einen großen Bottich mit pinker Farbe.

Das Einhorn beruhigte sich dadurch augenblicklich, denn Pink, Glitzer und Regenbogen wirken entspannend auf Einhörner.

Du findest, Pink ist nur was für Prinzessinnen? Dann solltest du dir genau überlegen, ob du lieber pinke Farbe oder deine eigenen Eingeweide an den Wänden haben möchtest. So ein Einhornhorn ist nämlich ziemlich spitz.

Male den Hintergrund für das Einhorn aus. Nimm dafür leuchtend bunte Regenbogenfarben und vor allem viel Pink. Wenn du Glitzerstifte oder Glitzersticker hast, benutze sie!

Ich glaube, danach hatte der Alchemist erst mal genug von Pink, Glitzer und Regenbögen, denn er trug mir auf, einen Lindwurm zu malen. Und der ist ja so ziemlich das Gegenteil von all dem.

11. Die prächtige Mähne ist ein kleiner Trost dafür, dass der Lindwurm keine Flügel hat.
10. Der Hals ist lang und gebogen.
1. Wie genau sich der lange Körper schlängelt, entscheidest du selbst.

Ein Lindwurm ist eng mit dem Drachen verwandt. Er besitzt aber keine Flügel und kann auch kein Feuer spucken. Das hindert ihn allerdings nicht daran, es regelmäßig zu versuchen. Missglückte Flugversuche kommen bei Lindwürmern so häufig vor, dass der Sturz aus großer Höhe mittlerweile zu den natürlichen Todesarten eines Lindwurms gezählt werden kann. Eine weitere häufige Todesursache ist der Tod durch die Hand eines ängstlichen Ritters – die mutigen Ritter nehmen es nämlich mit richtigen Drachen auf.

Nachdem der Alchemist den Lindwurm zum Leben erweckt hatte, fühlte ich mich ziemlich ausgelaugt. Zu dem Zeitpunkt wusste ich immer noch nicht, dass meine Lebensenergie dazu verwendet wurde, die Gemälde zum Leben zu erwecken. Aber mit jedem Bild fühlte ich mich schwächer – besonders bei größeren Kreaturen wie dem Lindwurm.

Ignatius Igragurz merkte wohl, dass mir der Lindwurm zu schaffen gemacht hatte. Er gönnte mir zwar keine Pause, aber immerhin durfte ich das nächste Wesen aussuchen.

Dafür gab er mir die Zutatenliste für den Stein der Weisen.

Für welches Wesen hättest du dich entschieden? Kreise es ein und mal es daneben, so wie du es dir vorstellst.

Der Stein der Weisen

weitere Zutaten:

Zahn eines Ghouls
Horn eines Einhorns
aufgetautes Herz eines Wendigos
Schuppe eines Lindwurms
Haare eines Fauns
Feder eines geflügelten Pferdes
Speichel eines Ogers
geraspelte Hornhaut eines Bigfoot
Blut eines Drachen
Kot eines Dreiköpfigen Hundes
Wimpern eines Zyklops
Blatt einer Dryade

Ich entschied mich für das geflügelte Pferd, hauptsächlich weil ich hoffte, darauf reiten zu dürfen.

8. Insgesamt bestehen die Flügel aus drei Federreihen.

9. Die Mähne flattert im Flugwind.

Du fragst dich sicher, woher ich so genau wusste, wie die Kreaturen aussahen, die ich malen sollte.

Ehrlich gesagt, hatte ich meistens keinen blassen Schimmer. Wenn Bücher nicht weiterhalfen, blieb mir nichts anderes übrig, als mich auf die Suche nach der gewünschten Kreatur zu machen, um sie in freier Wildbahn zu beobachten und abzumalen. Das war ziemlich schwierig, da die meisten Kreaturen äußerst selten waren, oder sich aus Angst vor Menschen (vor allem Alchemisten), in abgelegenen Gebieten aufhielten. Meistens musste ich unverrichteter Dinge wieder zurückkehren.

Bellerophon, so taufte ich den **Pegasus**, kam mir da sehr gelegen. Auf seinem Rücken konnte ich lange Strecken zurücklegen und erreichte selbst die abgelegensten Gebiete.

Das war immer ein Spaß, wenn wir durch die Lüfte sausten, meistens gefolgt von einer ganzen Schar Quappfluppler.

Zeichne doch einen dritten Quappfluppler in die weiße Wolke oben in der linken Ecke.

Einmal flog ich mit Bellerophon zu einem Friedhof, wo ich wie erhofft einen **Ghoul** fand. Entgegen meiner Erwartungen war er nicht arg gruselig, sondern sehr zuvorkommend. Er stellte sich als Gerhard vor und posierte bereitwillig auf einem Grabstein.

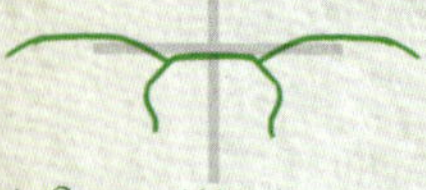

1. So positionierst du Nasenrücken und Wimpern im vorgezeichneten Kreuz.

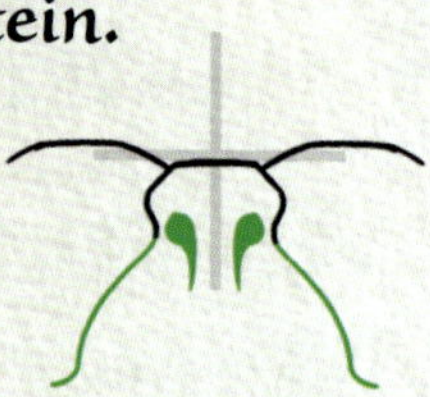

2. Die Nasenlöcher werden nach unten immer dünner.

3. Große Augen rahmen die Nase ein.

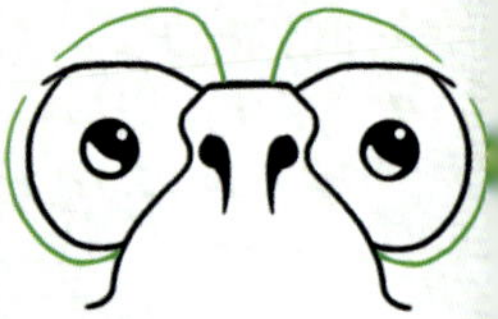

4. Über die Augen zeich du Lider und darunter R

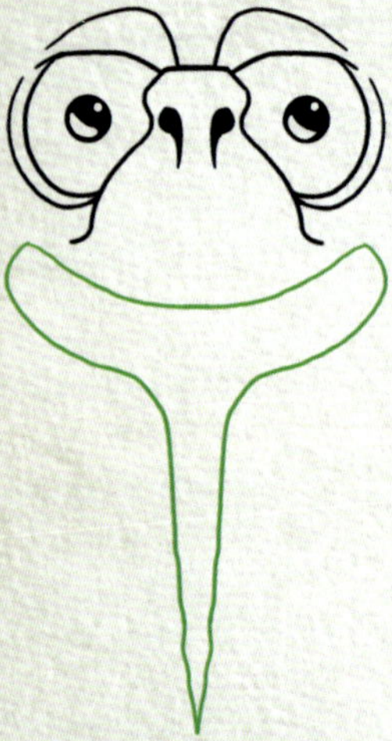

5. Das Maul hat eine ungewöhnliche Form.

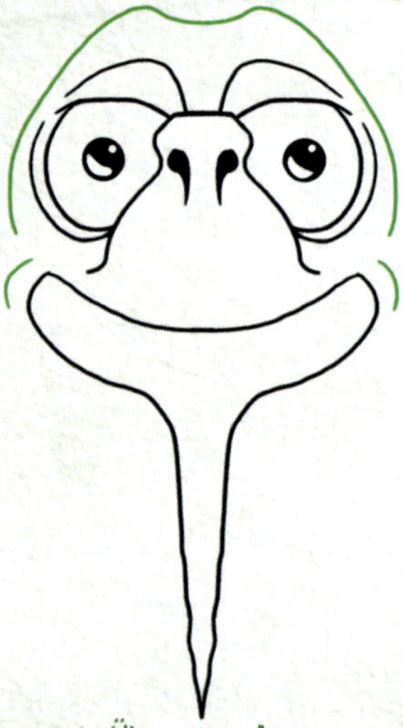

6. Über den Augen wölbt sich ein Wulst.

7. Die Wangen gehen direkt in die Arme über.

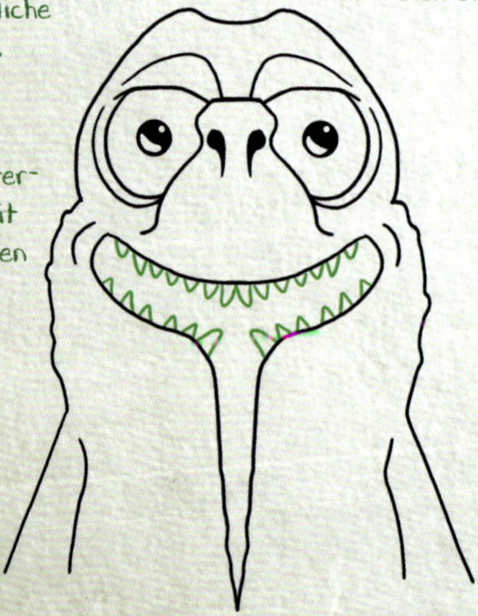

8. Ober und Unterkiefer sind mit scharfen Zähnen besetzt.

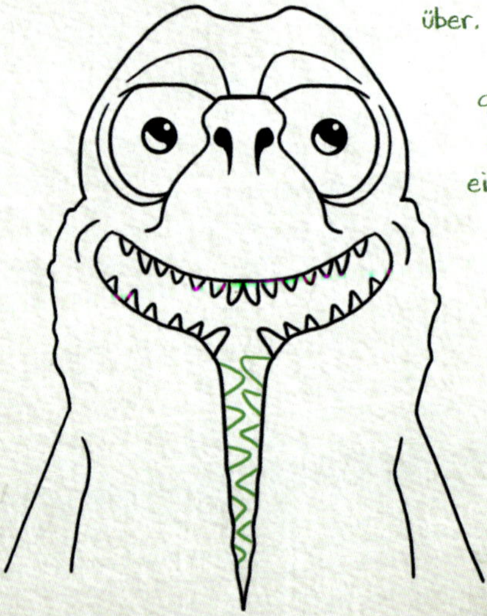

9. Weitere Zä ziehen sich w ein Reißversch bis zum Bau hinunter.

10. Kommen wir nun zur Stirn.

11. Die Ohren sind groß und hängen leich nach unten.

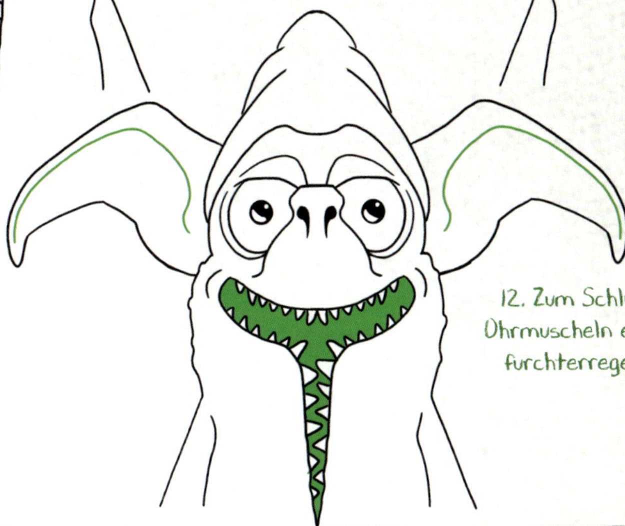

12. Zum Schluss zeichne die Ohrmuscheln ein und male den furchterregenden Mund an.

Während ich Gerhard malte, lernte ich viel über Ghoule – und damit meine ich nicht nur ihr Aussehen.

Zum Beispiel erfuhr ich, dass Gerhard sich ausschließlich von Leichen ernährte. Nur unter der Woche nicht, da er auf seine Linie achten musste. Aber am Wochenende (außer sonntags) grub er sich wie ein Maulwurf zu einem frischen Grab und nagte an den Knochen. Natürlich nicht im Winter, denn dann war die Erde zu hart. Im Sommer war es hingegen oft zu heiß für solch nahrhafte Kost, und im Frühling blieb er dem Friedhof generell fern, weil ihn dann die Birkenpollen zum Niesen brachten. Im Herbst regnete es meistens zu viel, und sich durch nasses Erdereich zu wühlen, ist nun wirklich nicht angenehm.

Als ich wieder auf Bellerophon saß und der Friedhof unter mir immer kleiner wurde, kam mir der Verdacht, dass Gerhard vielleicht ein Vegetarier war.

Auf dieses Bild von ihm bin ich jedenfalls sehr stolz.

Du kannst deinen eigenen Beitrag dazu leisten, indem du die Punkte auf dem Grabstein in der richtigen Reihenfolge verbindest.

In

Es ging das Gerücht, dass zwischen dem Schattengebirge und dem Einhundertseelenmoor ein garstiger Oger hauste. Also flog ich auf Bellerophon dorthin, um ihn zu porträtieren.

1. Wir beginnen mit Nase und Augenbrauen.

2. Dann sind die Augen und Nasenlöcher an der Reihe.

3. Im dritten Schritt zeichnen wir Pupillen und Augenringe.

4. Über die Augen zeichnest du einen Stirnwulst.

5. Die Mundwinkel sind meistens nach unten gezogen.

6. Aus dem Maul ragen viele spitze Zähne.

7. Zeichne die Wangenknochen und eine kleine Kuppel über den Stirnwulst.

8. An dieser Kuppel setzen die Ohren an.

9. Unter dem Maul befindet sich ein großer Kehlsack.

10. Zeichne die Schultern und das zweite Ohr.

11. Vervollständige den Oger mit ein paar ekligen Warzen und Falten am Kehlsack.

Leider war der Oger nicht so gastfreundlich wie mein Freund Gerhard der Ghoul. Brüllend ging er auf mich los, und mir blieb nichts anderes übrig, als zu fliehen, wenn ich nicht als Mittagssnack des Ungeheuers enden wollte.

Als mich der Oger fast eingeholt hatte, galoppierte mir glücklicherweise Bellerophon entgegen. Ich schwang mich auf seinen Rücken und zusammen rauschten wir in die Lüfte. Hastig schlug ich mein Skizzenbuch auf und skizzierte im Flug eine schnelle Zeichnung des Ogers, dessen Gebrüll unter uns immer leiser wurde.

Das war gar nicht so einfach. Versuche es einmal selbst auf einer holprigen Fahrt in einer dieser pferdelosen Riesenkutschen, die dich zur Schule bringen: Zeichne die vorgegebenen Linien der gegenüberliegenden Ogerzeichnung so genau wie möglich nach. Dann siehst du, wie schwierig so was ist.

Nach dem Erlebnis mit dem Oger blieb ich bei der nächsten Kreatur lieber in den sicheren vier Wänden meines Ateliers. Ein Ausflug wäre aber auch gar nicht nötig gewesen, da ich genau wusste, wie ein Dreiköpfiger Hund aussah.

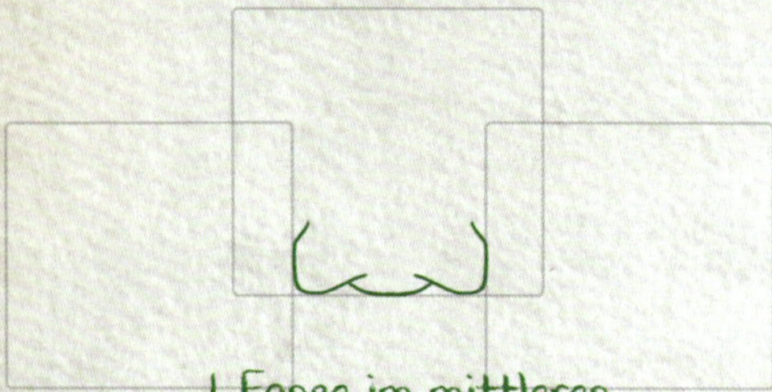

1. Fange im mittleren der drei vorgezeichneten Quadrate an.

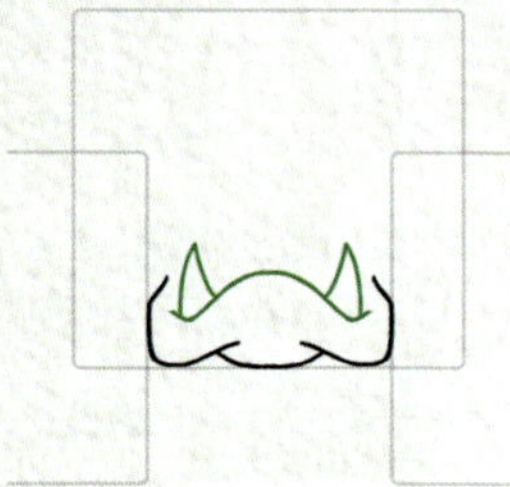

2. Aus dem Maul ragen zwei große Zähne.

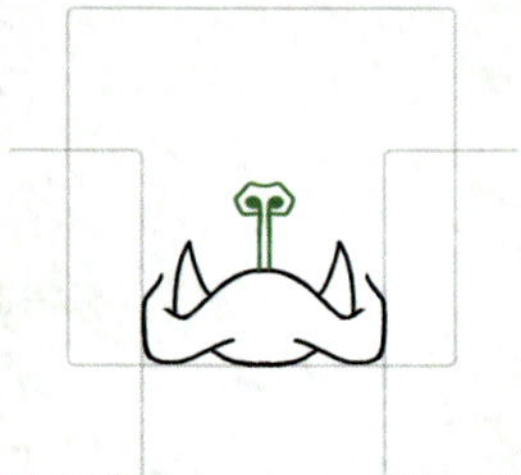

3. Direkt dazwischen sitzt die Schnauze.

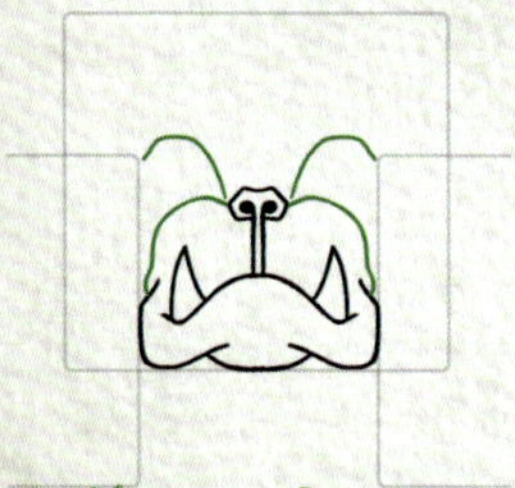

4. Von der Schnauze gehen vier Linien aus ...

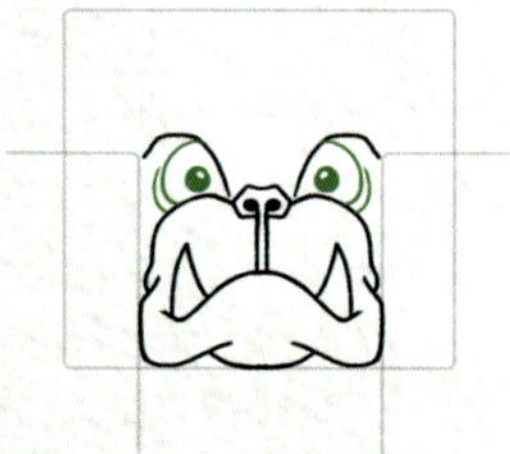

5. ... zwischen denen die Augen liegen.

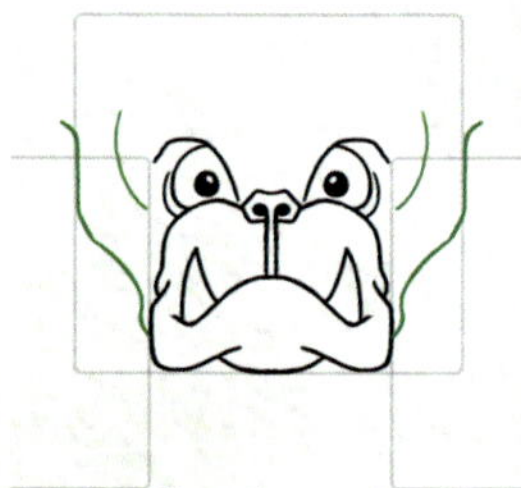

6. Zeichne einen breiten Kiefer....

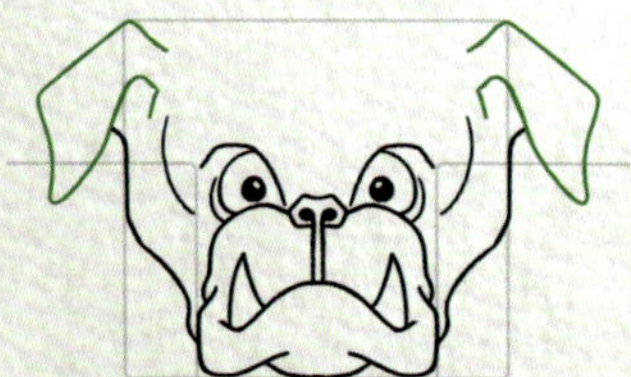

7. ... und zwei Schlappohren.

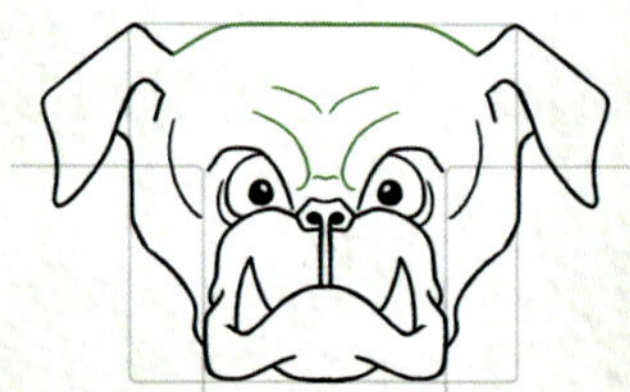

8. Die Stirn passt sich dem vorgezeichneten Quadrat an.

9. Wiederhole die Schritte 1-8 in den zwei anderen Quadraten. Zeichne aber nicht den Teil, der vom mittleren Kopf verdeckt wird.

10. Die Pfoten berühren die vorgezeichnete Linie.

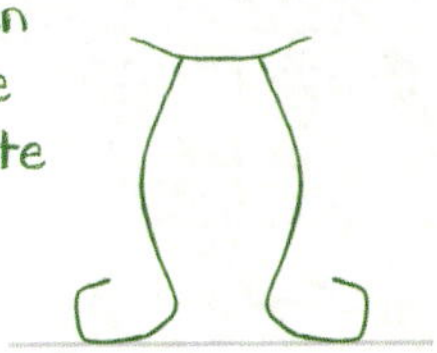

11. Zeichne die Beine bis fast zu den Köpfen hinauf.

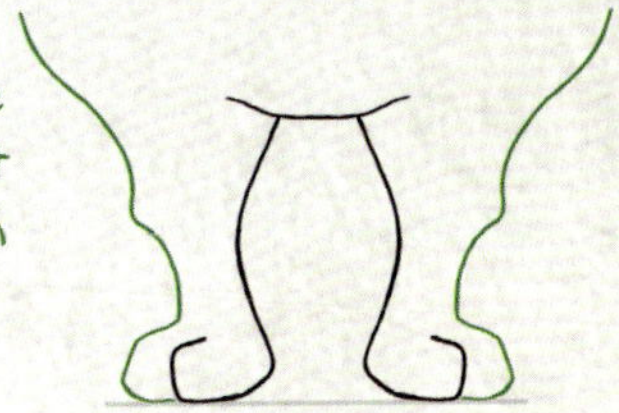

12. Die Hinterbeine sind angewinkelt.

13. Zum Schluss zeichne die Falten unter den Hälsen, den Schwanz und ein paar Details an den Pfoten.

Ein **Cerberus** sieht genauso aus wie ein normaler Hund, nur dass er, anstelle des sonst üblichen einen Kopfes, drei Köpfe hat. Man sollte allerdings darauf achten, ob er neben drei Köpfen auch drei Körper hat, denn dann ist es kein dreiköpfiger Hund, sondern einfach drei normale Hunde, die nebeneinanderstehen.

Dreiköpfige Hunde werden gewöhnlich als aggressiv und bissig beschrieben. Davon hatte ich nach meiner Begegnung mit dem Oger erst mal genug. Deswegen malte ich einen Dreiköpfigen Welpen und anstatt dreifacher Boshaftigkeit bekamen wir dreifache Niedlichkeit.

Ist er nicht süß?

Gib jedem Kopf einen eigenen Namen und schreibe sie auf die Plaketten an den Halsbändern. Dann male zur Belohnung einen schönen großen Knochen über die Köpfe – oder drei kleine Knochen.

Hast du schon mal etwas von einem Rotkapp gehört? Nein? Nun, nicht so schlimm, wir werden ihn trotzdem zusammen zeichnen.

1. Wir fangen wieder mal mit der Nase an.

2. Das Nasenloch hat eine seltsame Form.

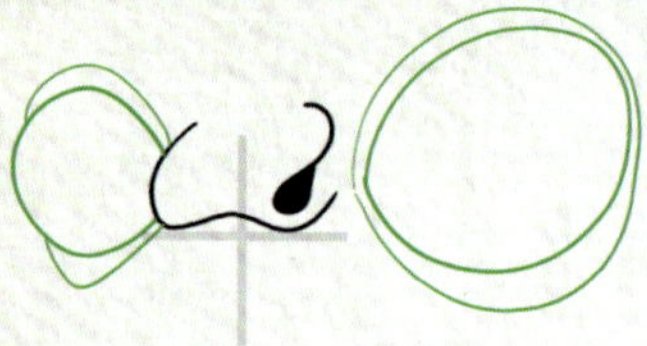

3. Dann kommen die Augen ...

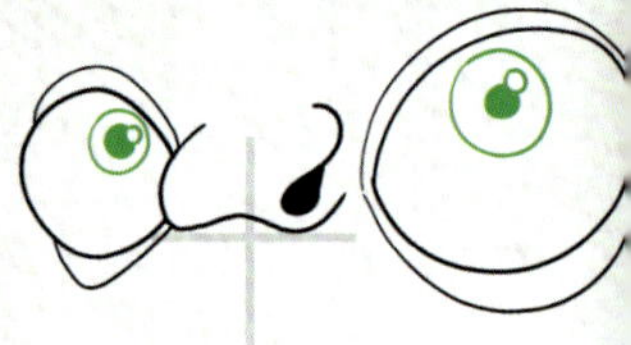

4. ... und die Iris.

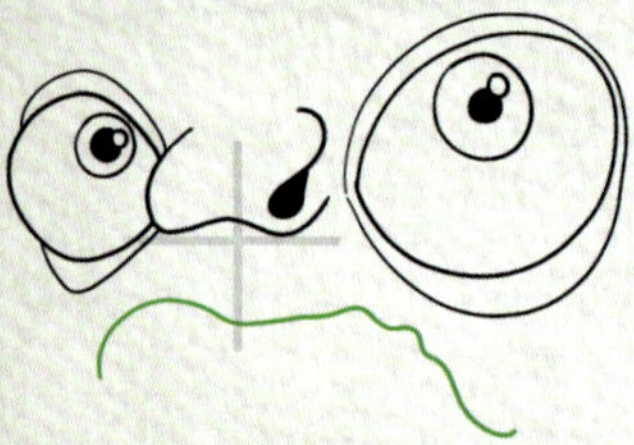

5. Zeichne das Maul als eine Linie, die schief und krumm nach unten abfällt.

6. Viele spitze Zähne schauen aus dem Maul.

7. Zeichne die Wankenknochen ein.

8. Das Kinn geht nahtlos in den Hals über.

9. Die namensgebende Kappe hat zwei Laschen, die nach unten hängen.

10. Vervollständige die Kappe.

11. Mit spitzen Ohren müsstest du ja mittlerweile Übung haben.

12. Zeichne die Ohrmuscheln und zwei Falten auf der Stirn.

Rotkappen sind kleine, fiese Wesen, die häufig auf Schlachtfeldern anzutreffen sind. Dort tränken sie ihre namensgebende Kopfbedeckung mit dem Blut der Gefallenen – denn wenn das Blut in ihren Mützen austrocknet, sterben sie.

Dummerweise war mir ausgerechnet die rote Farbe ausgegangen, weswegen die Kappe meines Rotkapps nicht vollständig rot war. Deshalb kann ich es dem Rotkapp auch nicht wirklich übel nehmen, dass er auf mich und den Alchemisten losging, um seine Kappe mit unserem Blut zu färben.

Wir brachten uns in Sicherheit, indem wir uns auf Stühle stellten. Glücklicherweise trug Igragurz immer ein paar wichtige Zutaten bei sich und träufelte ein paar Tropfen Blut aus einer kleinen Phiole auf die Mütze des Rotkapps. Sofort beruhigte sich das Wesen.

Für die nächste Aufgabe brauche ich dein Blut! Wobei ... nein, vergiss das, wir machen es anders.

!

Lege das Buch auf den Boden und stelle dich auf einen Stuhl daneben. Tauche dann deinen Stift in Kirschsaft oder eine andere rote Flüssigkeit und lasse ein paar Tropfen davon auf die gegenüberliegende Illustration des Rotkapps tropfen. Triffst du von dort oben den weißen Teil seiner Kappe?

Zyklopen kennst du, oder? Das sind diese Monster, die nur ein einziges Auge haben. Konzentrieren wir uns bei der Zeichnung also hauptsächlich auf dieses Merkmal.

1. Zeichne zwei Kreise. Der größere ist so groß wie das vorgezeichnete Kreuz.

2. Zeichne einen größeren Kreis außen herum und fülle den mittleren Kreis aus.

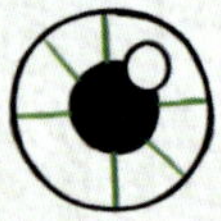

3. Dann teile den Kreis wie einen Kuchen in 6 Stücke auf.

4. Eins dieser Stücke wird komplett ausgemalt.

5. Die zwei Teile daneben werden mit dicht beieinanderliegenden Strichen gefüllt.

6. Die nächsten Teile ebenfalls mit Strichen füllen. Aber nicht mehr ganz so dicht.

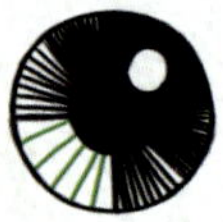

7. Das letzte Stück wird mit ein paar wenigen Strichen gefüllt.

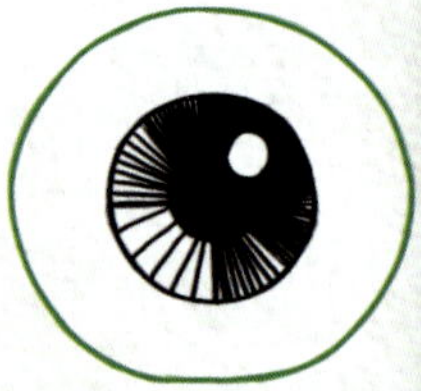

8. Zeichne den Augapfel außenrum.

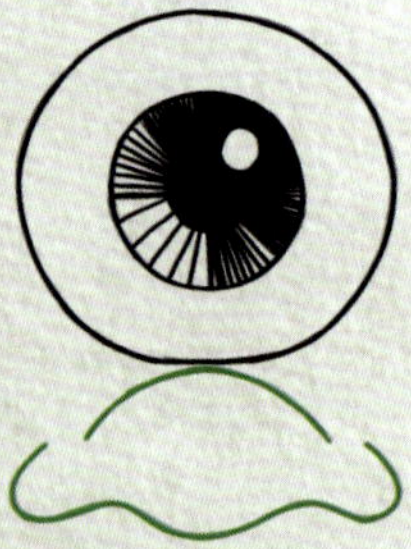

9. Direkt unter dem Auge liegt die Nase.

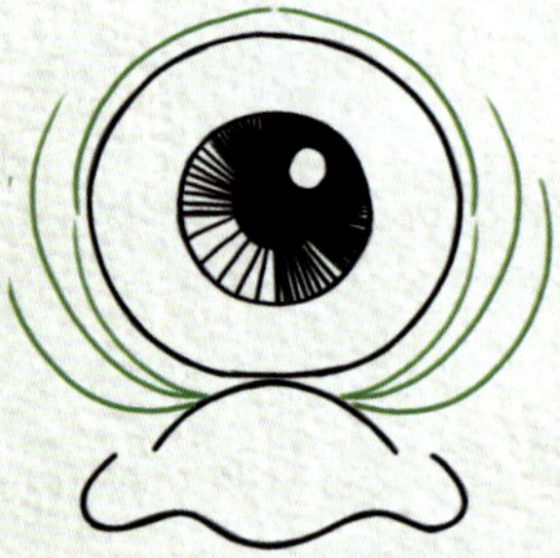

10. Um das Auge befinden sich ein paar Falten.

11. Aus dem Maul ragen zwei große Hauer.

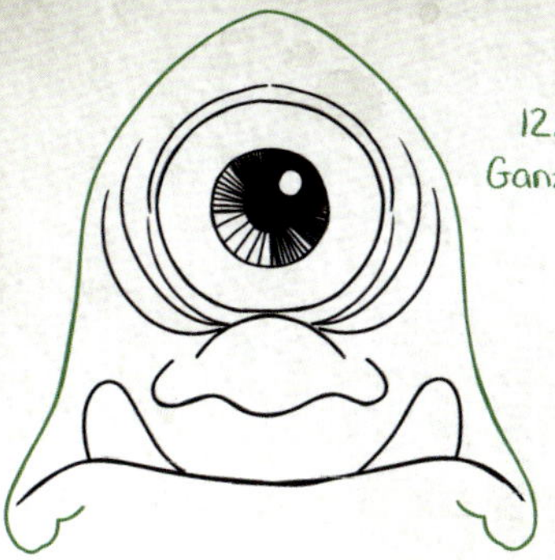

12. So wird das Ganze eingerahmt.

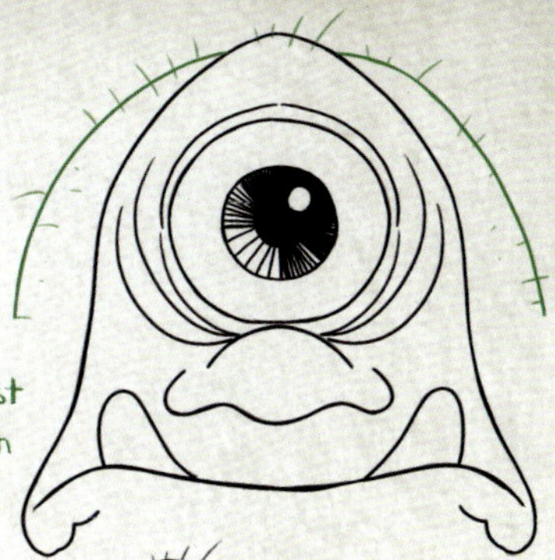

13. Der Schädel ist rund und spärlich behaart.

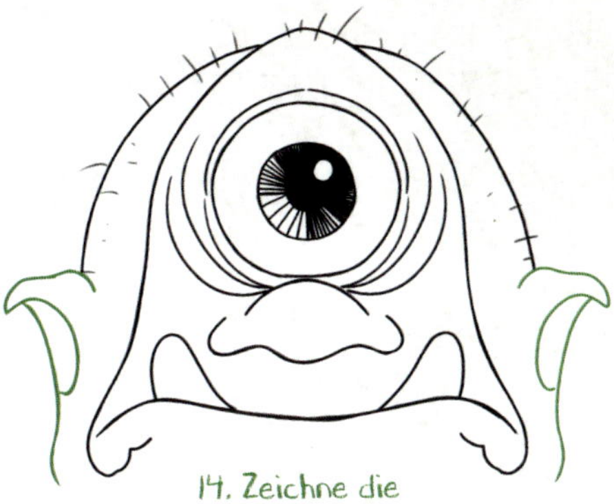

14. Zeichne die Ohren.

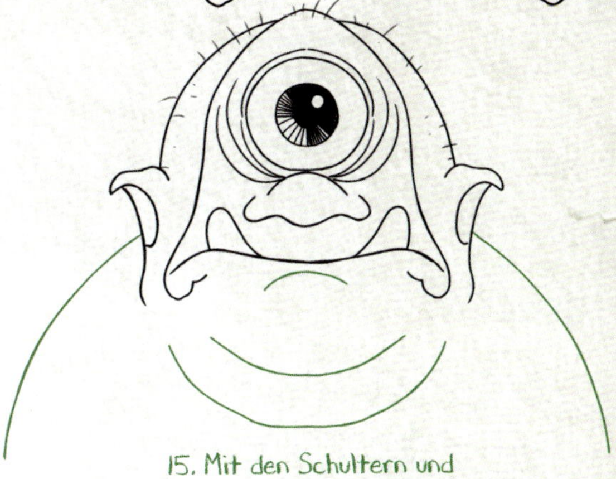

15. Mit den Schultern und einem Doppelkinn vollendest du den Zyklopen.

Ein Zyklop hat nicht viele Talente. Es sei denn, man bezeichnet die Fähigkeit, einen penetranten Körpergeruch zu verbreiten, als Talent. Außerdem neigen sie zu Wutanfällen und können, wenn sie schlecht gelaunt sind (und das sind sie meistens), sehr gefährlich werden.

Wenn du von einem Zyklopen angegriffen wirst, musst du versuchen, das Auge in der Mitte der Stirn zu treffen. Das ist der einzig empfindliche Punkt ihres Körpers, der ansonsten mit dicker Haut gepanzert ist. Ein gut gezielter Wurf eines Speers hat schon so manchen Zyklopen in die Flucht geschlagen.

!

Versuch es doch einmal selbst und wirf deinen Stift aus einigen Metern Entfernung auf die gegenüberliegende Illustration des Zyklops. Gelingt es dir, das Auge zu treffen?

Es ging das Gerücht, dass in Amerika, der neu entdeckten Welt, garstige Monster hausten.

Igragurz brauchte diese Kreaturen. Da sie noch völlig unerforscht waren, hatte ich keine Ahnung, wie sie aussahen. Mir blieb also nichts anderes übrig, als mal wieder einen Ausflug mit Bellerophon zu wagen.

Natürlich flogen wir nicht über den Atlantik. Das wäre zu weit gewesen. Stattdessen setzten wir auf einem Schiff über. Praktischerweise lebte auf diesem Schiff ein weiteres Wesen von der Zutatenliste des Alchemisten: ein **Klabautermann.**

9. Zeichne die Schuhe und die restlichen Finger.

10. Dann zeichnest du die langen Ohren.

11. So ein Hut heißt Dreispitz und ist bei Klabautermännern sehr beliebt.

Klabautermänner gehören zur Gattung der Kobolde und sind ausschließlich auf Schiffen beheimatet.

Das Exemplar auf unserem Schiff war tagsüber nie zu sehen, doch nachts klabauterte er geräuschvoll auf dem Deck herum.

Klabautern ist eine Tätigkeit, die nur Klabautermänner beherrschen. Es ist eine komplizierte Bewegungsabfolge, bei der man gleichzeitig nach oben und nach unten springen muss. Die meisten glauben, es handle sich um eine völlig sinnlose Tätigkeit, doch gestandene Seebären behaupten, ein klabauternder Klaubautermann hätte schon so manchen Piratenangriff verhindert.

Das Klabautern machte es jedenfalls nicht gerade einfacher, den Klabautermann abzuzeichnen. Hinzu kam noch, dass das Papier meines Skizzenbuchs durch die feuchte Meeresluft stark gewellt war.

Wenn du wissen willst, wie es ist, auf solchem Papier zu zeichnen, tauche die gegenüberliege Seite ins Meer. Falls du gerade kein Meer zur Hand hast, geht natürlich auch die Badewanne oder das Waschbecken. Aber pass auf, dass die anderen Seiten nicht auch nass werden. Dann lass die Seite trocknen und kritzel sie anschließend nach Herzenslust voll.

An einem nebligen Morgen erreichten wir die Neue Welt.

Kaum geankert, machten Bellerophon und ich uns schon auf die Suche nach einem **Bigfoot.**

Wir sahen Vertreter dieser Art immer nur von Weitem, aber mit Augenzeugenberichten von Einheimischen konnte ich schließlich eine brauchbare Skizze anfertigen.

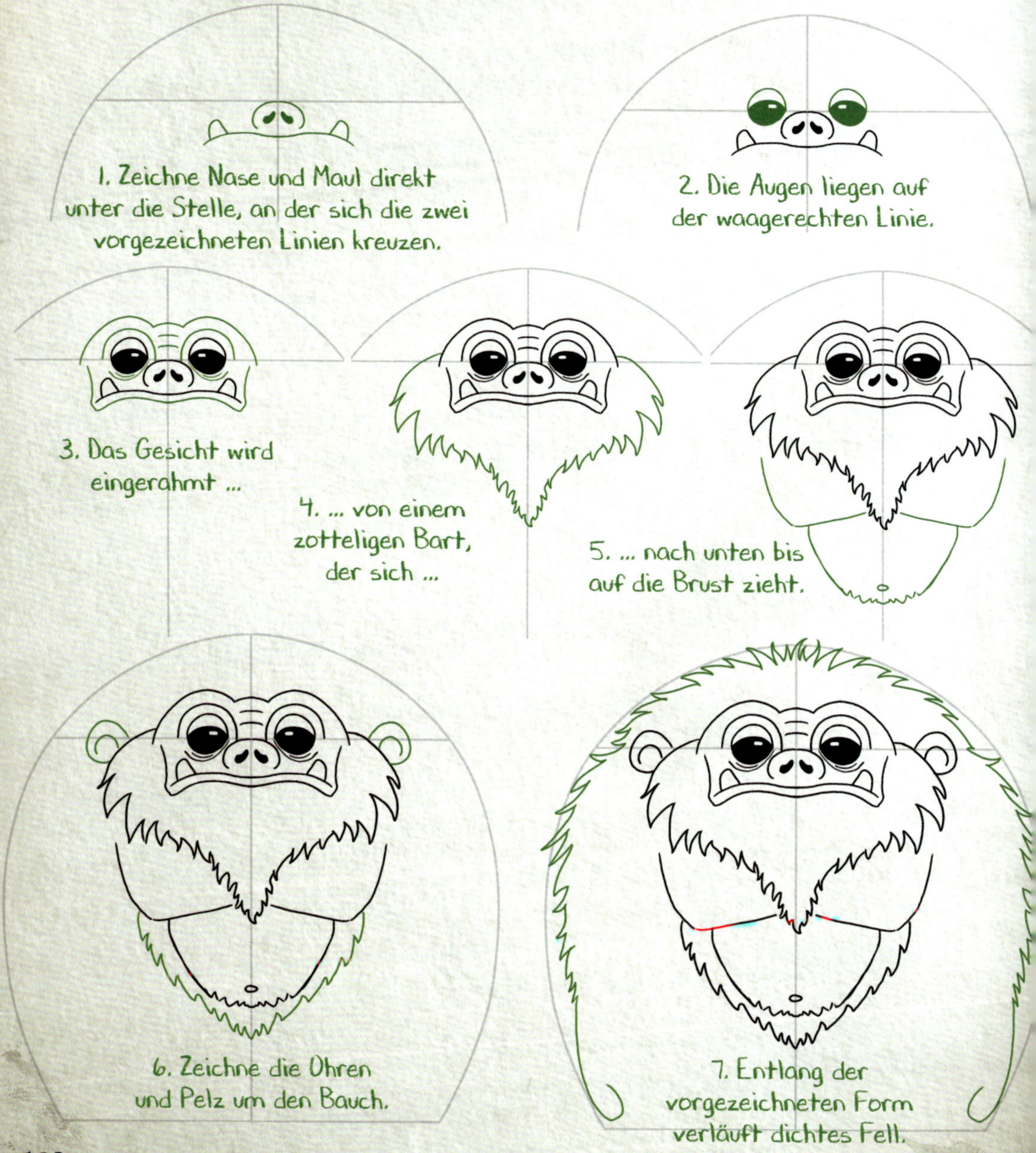

8. Wir zeichnen die Hände ...

9. ... und die namensgebenden Füße. Vergiss die Finger nicht.

10. Zu guter Letzt noch ein Paar haarige Beine.

»Sasquatch« bedeutet in der Sprache der Ureinwohner »haariger Riese«. Das ist viel passender als Bigfoot, wie ihn britische Siedler genannt haben. Im Vergleich zu der Größe seines restlichen Körpers hat der Bigfoot nämlich gar nicht so große Füße. Außerdem gilt es unter Bigfoots als grobe Beleidigung, jemanden auf seine Füße anzusprechen. Das wäre so, wie wenn dich ein Gnom oder eine Elfe Großmaul nennen würde, nur weil du im Vergleich zu ihnen einen größeren Mund hast.

Kein Wunder also, dass der Sasquatch nichts mit Menschen zu tun haben will und sich meistens im Wald versteckt.

Gegenüber siehst du den Fußabdruck eines Sasquatchs. Stelle deinen Fuß in die Mitte des Abdrucks und ummale ihn mit deinem Stift. So viel größer ist der Bigfoot gar nicht, oder?

Weit im Norden der amerikanischen Wälder, wo die Bäume so dicht stehen, dass kein Licht hindurchfällt, lebt der Wendigo. Hätte ich gewusst, wie gruselig diese Monster sind, hätte ich mich wahrscheinlich mit den Beschreibungen der Ureinwohner begnügt. So aber machte ich mich auf die Suche.

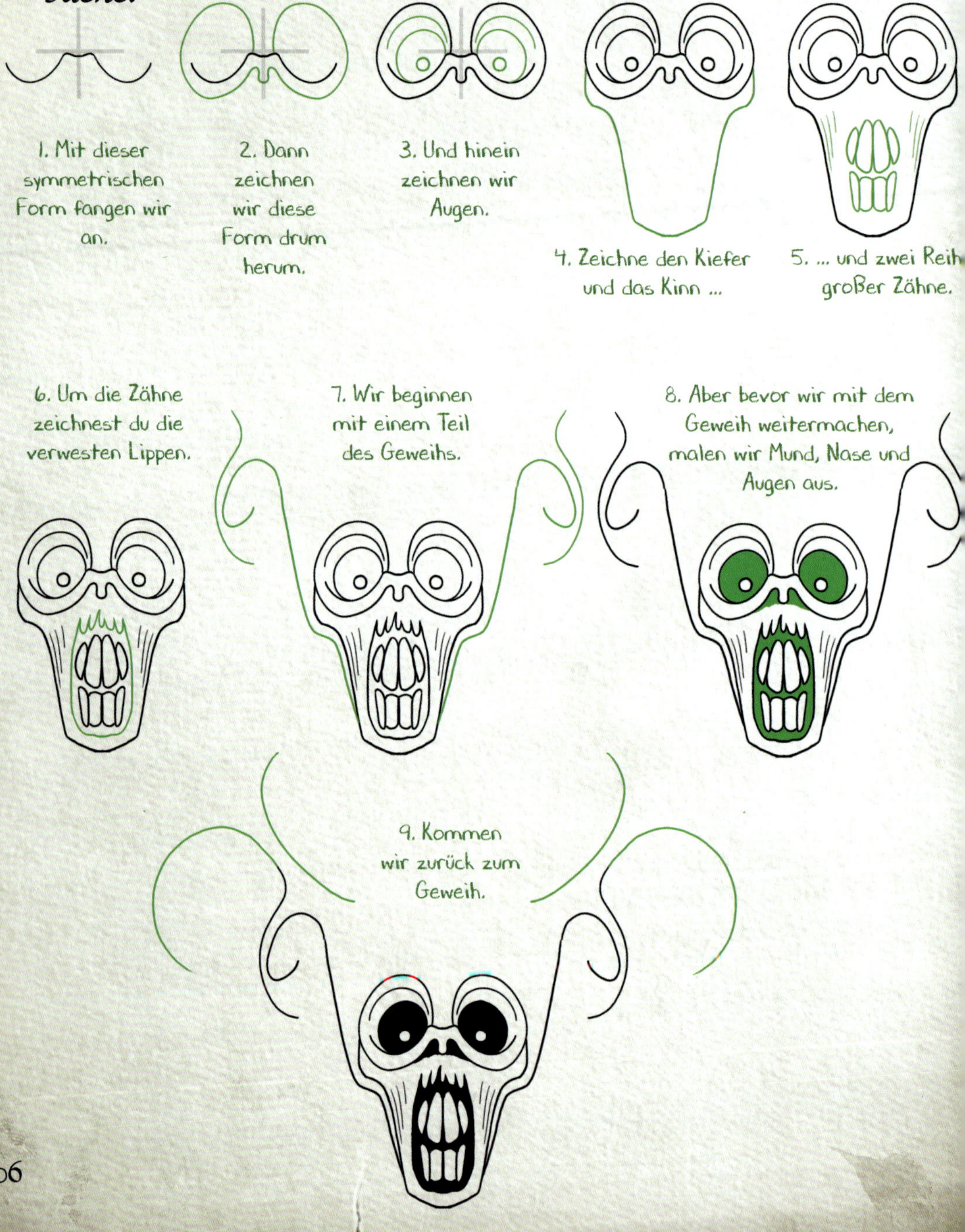

10. Es ist symmetrisch verzweigt.

11. Im vorletzten Schritt schließen wir das Geweih ab.

12. Zum Schluss zeichnen wir die Schädeldecke ein.

Ein Wendigo ist ein Meister der Tarnung. Doch im Gegensatz zum Bigfoot versteckt er sich nicht, um in Ruhe gelassen zu werden, sondern um sich unbemerkt an seine Opfer heranzupirschen. Die Opfer waren in dem Fall wir.

Und so kam ich erneut in die unangenehme Situation, auf dem Rücken von Bellerophon ein Monster zu skizzieren, das uns mit bösen Absichten verfolgte.

Die Bäume standen so dicht, dass Bellerophon seine Flügel nicht ausbreiten konnte, um abzuheben.

Mehrmals dachten wir, wir hätten unseren Verfolger endlich abgehängt, doch immer wieder tauchte er zwischen den schwarzen Baumstämmen auf. Erst als wir das Ende des Waldes erreichten, konnte Bellerophon in die Lüfte aufsteigen und wir entkamen doch noch.

In dem seltsamen Muster auf der Seite gegenüber hat sich ebenfalls ein Wendigo versteckt. Du findest ihn, wenn du alle Felder, in denen ein Punkt ist, schwarz anmalst.

Das letzte Wesen auf unserer Amerika-Liste war der Chupacabra, das Ziegen mordende Monster aus den Wüsten Mittelamerikas.

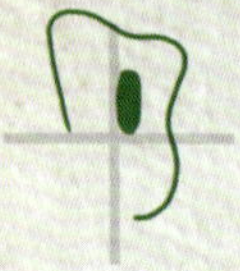

1. Der Großteil der Nase liegt über der Mitte des vorgezeichneten Kreuzes.

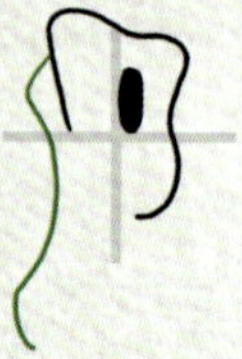

2. Der zweite Nasenflügel geht direkt in den Anfang der Lippe über.

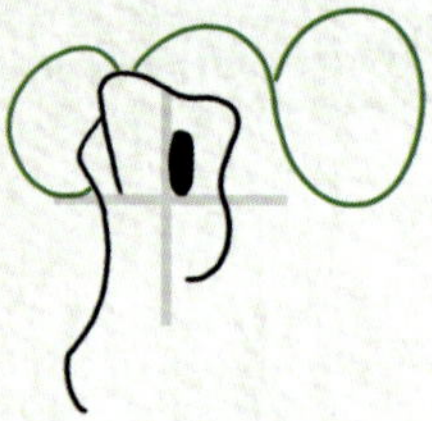

3. Neben den Nasenflügeln liegen die Augen.

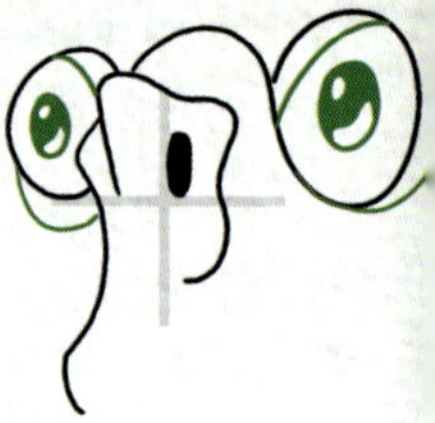

4. Zeichne Augenringe, Augenlider und Pupillen ein.

5. Das Maul zieht sich hinunter bis zu der vorgezeichneten Markierung.

6. Kommen wir nun zur Zunge.

7. Dann verv
ständigen wi
Maul und beg
mit dem Ki

8. Chupacabras haben ausgeprägte Wangenknochen.

9. Wir vervollständigen das Kinn und beginnen mit dem Ohr.

10. Wir vervollständigen das Ohr …

11. ... und beginnen mit dem Zackenkamm.

12. Der Kopf verläuft hinter den Zacken.

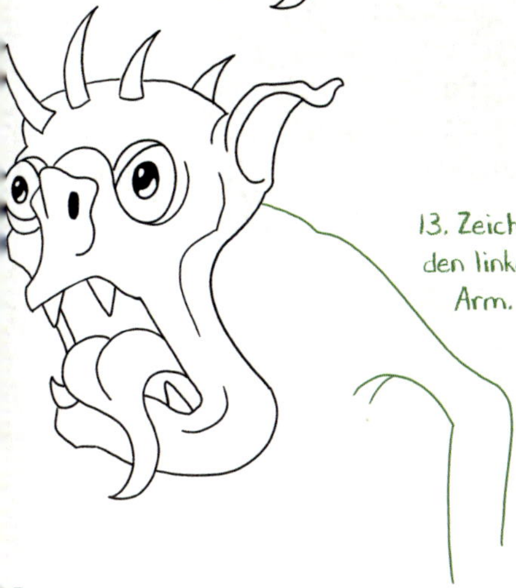

13. Zeichne den linken Arm.

14. Zeichne Falten über den Augen, den anderen Arm und den Rest des Zackenkamms.

Über Aussehen und Herkunft des Chupacabras gab es verschiedene Meinungen. Manche behaupteten, es sei ein aufrecht gehendes Wesen von einem anderen Planeten, während andere der Überzeugung waren, es sei lediglich ein missgestalteter Kojote.

Eine ältere Farmerin erzählte uns, sie hätte erst gestern einen Chupacabra gesichtet. Ihre Glaubwürdigkeit wurde allerdings erheblich geschmälert, als sie kurz darauf einen Waschbär mit »Ihre Majestät« ansprach.

Doch am nächsten Tag fanden wir an der Stelle, die uns die Farmerin genannt hatte, tatsächlich mehrere Spuren im Sand.

Welche Spur führt zum Chupacabra?

Lösung: Die zweite Spur von rechts.

Chupacabra
Koyote
Puma
Gürteltier

Mit drei frischen Ölbildern und einem vollgekritzelten Skizzenbuch machte ich mich wieder auf die Rückreise in die Alte Welt, wo Igragurz schon sehnsüchtig auf seine Zutaten wartete.

Auch diesmal gönnte er mir keine Pause, sondern gab mir gleich den nächsten Auftrag: Das sagenumwobene **Questentier** sollte ich diesmal malen.

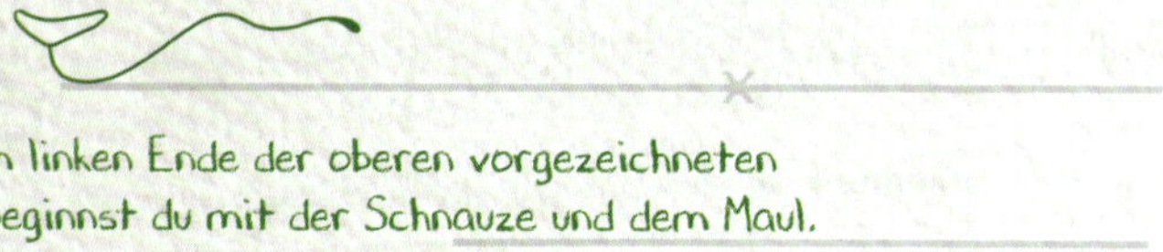

1. Am linken Ende der oberen vorgezeichneten Linie beginnst du mit der Schnauze und dem Maul.

2. Zeichne die Zähne sowie Kinn und Hals. Der Hals endet an der Markierung.

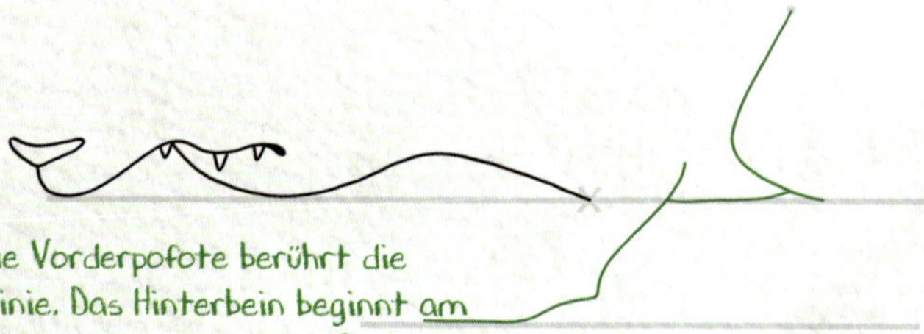

3. Die Vorderpfote berührt die untere Linie. Das Hinterbein beginnt am unteren der vorgezeichneten Punkte.

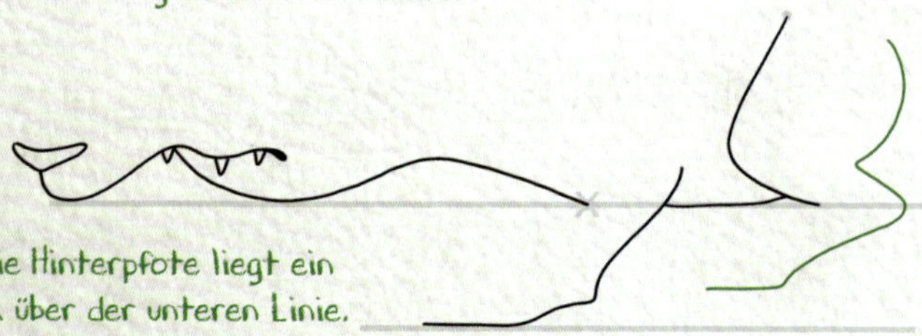

4. Die Hinterpfote liegt ein Stück über der unteren Linie.

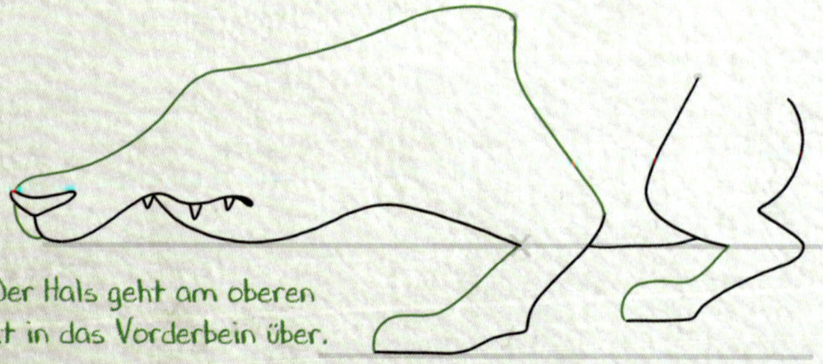

5. Der Hals geht am oberen Punkt in das Vorderbein über.

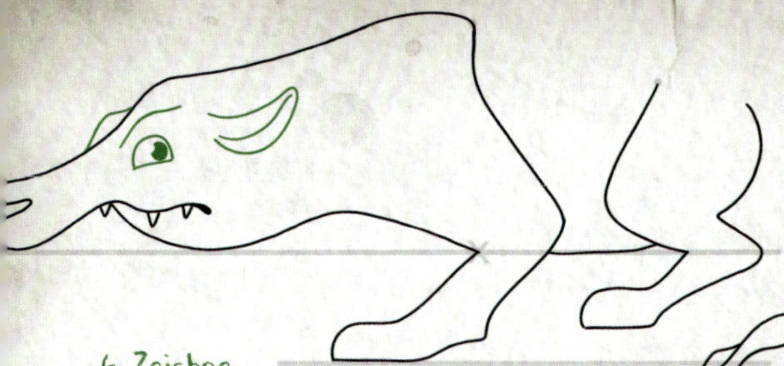

6. Zeichne Augen und Ohren.

7. Der Rücken geht in den langen Schwanz über.

8. Das Schwanzende und der Rücken sind gespickt mit dunklen Stacheln.

Genau wie Bigfoot, Wendigo und Chupacabra ist auch das Questentier ein Profi im Versteckspiel. Schon die legendären Ritter der Tafelrunde hatten sich auf die Suche nach diesem Wesen gemacht, waren dabei aber genauso erfolglos gewesen wie bei ihrer Suche nach dem heiligen Gral. Vielleicht waren diese tapferen Helden einfach nicht so gut im Suchen von Dingen. Ich jedenfalls hatte mittlerweile viel Übung im Aufspüren von scheuen Kreaturen.

Ich ließ Bellerophon über den Wald fliegen in der Hoffnung, das Tier von hier oben ausfindig zu machen. Manchmal sah ich sein geflecktes Fell durch die Blätter oder seinen gegabelten Schwanz hinter einem Baumstamm verschwinden. Dann setzten wir sofort zum Sinkflug an, um einen besseren Blick auf das Tier zu erhaschen.

?

Rechts siehst du den Wald von oben, so wie ich von Bellerophons Rücken. Findest du das Questentier?

Lösung: Ganz rechts, etwas oberhalb der Mitte, schaut der gegabelte Schwanz des Questentiers hinter den Bäumen hervor.

Es ging das Gerücht, dass die Berge Transsylvaniens von garstigen **Vampiren** bevölkert waren. Nach all den aufregenden und zum Teil lebensgefährlichen Ausflügen verspürte ich allerdings keine Lust, das zu überprüfen. Blutsaugenden Untoten wollte ich so wenig wie möglich begegnen.

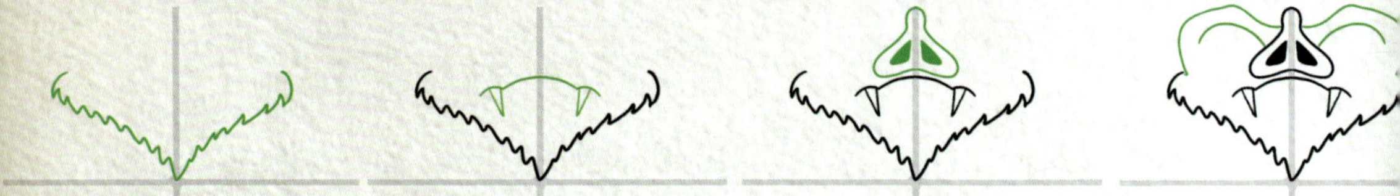

1. Die Bartspitze endet genau in der Mitte des vorgezeichneten Kreuzes.

2. Natürlich haben Vampire lange spitze Eckzähne.

3. Dicht über dem Mund sitzt die Nase.

4. Zeichne Stirn und Wimpern.

5. Die Pupillen in den Augen sind etwas unförmig.

6. Die großen Fledermausohren sitzen über der Stirn.

7. Unterhalb der Kreuzmitte befindet sich der Bauch.

8. Zeichne die Oberarme und den Schwanz.

9. Wir vervollständigen das Kinn und beginnen mit dem Ohr.

10. Die Arme sind nach oben abgewinkelt und enden über den Ohren.

11. Die Finger gehen direkt in die Flügel über.

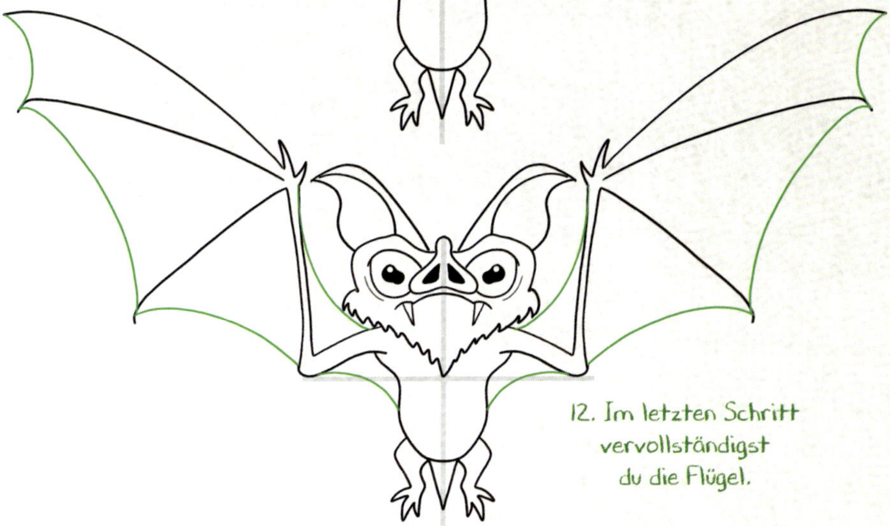

12. Im letzten Schritt vervollständigst du die Flügel.

Vampire sind fledermausähnliche Monster, die die Gestalt eines Menschen annehmen können. Dies tun sie so oft, dass viele glauben, es handle sich um menschenähnliche Monster, die die Gestalt einer Fledermaus annehmen können.

In beiden Erscheinungsformen sind sie unangenehme Zeitgenossen und würden auf einer Liste der unbeliebtesten Dinge noch vor Pralinen mit Ohrenschmalzfüllung stehen.

Glücklicherweise ist man tagsüber vor ihnen sicher, denn im Sonnenlicht zerfallen sie zu Staub. Igragurz wies mich deswegen an, das Bild in der Nacht zu malen.

Im schummrigen Licht einer Kerze begann ich also mit meiner Arbeit. Es war so dunkel, dass ich kaum erkennen konnte, in welche Farbe ich meinen Pinsel tauchte.

! Hier siehst du das Schloss von Dracula, dem bekanntesten Vampir überhaupt. Schnapp dir ein paar Buntstifte und mach es in deinem Zimmer so dunkel, dass du ihre Farben nicht mehr richtig erkennen kannst. Dann male Draculas Schloss bunt an. Gar nicht so einfach, oder?

Das nächste Wesen, das ich malen musste, war so ziemlich das Gegenteil eines Vampirs. Der Vampir steht für alles Tote und Verfallene, die **Dryade** für alles Wachsende und Lebendige.

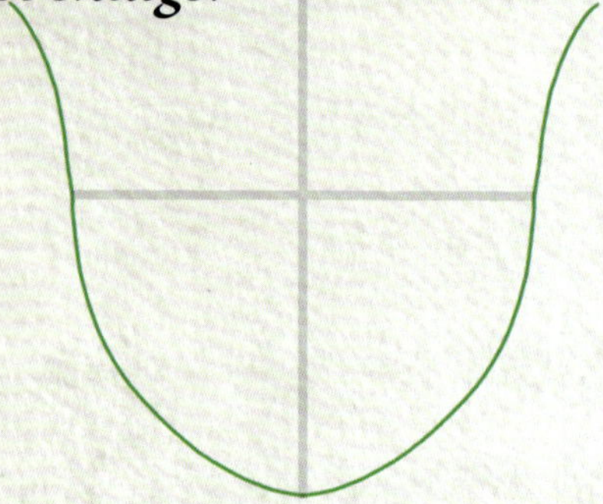

1. Wir fangen diesmal mit der Kopfform an.

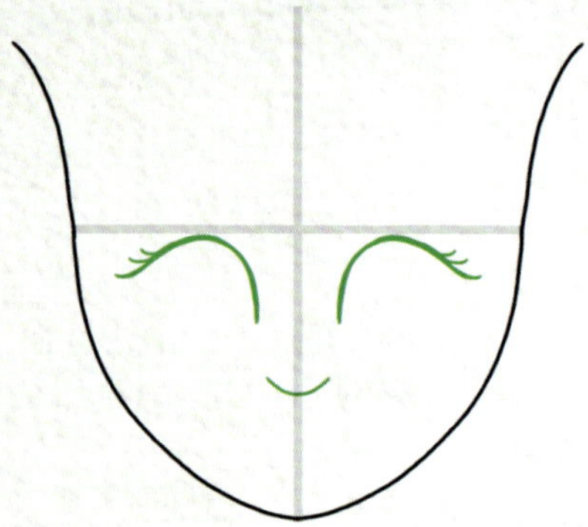

2. Dann zeichnen wir Wimpern und Nasenspitze.

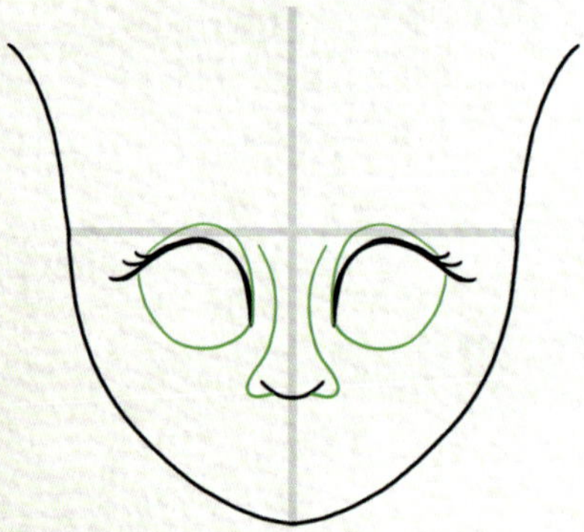

3. Zeichne die Nasenflügel ein und unter die Wimpern die Augäpfel. Darüber die Lider.

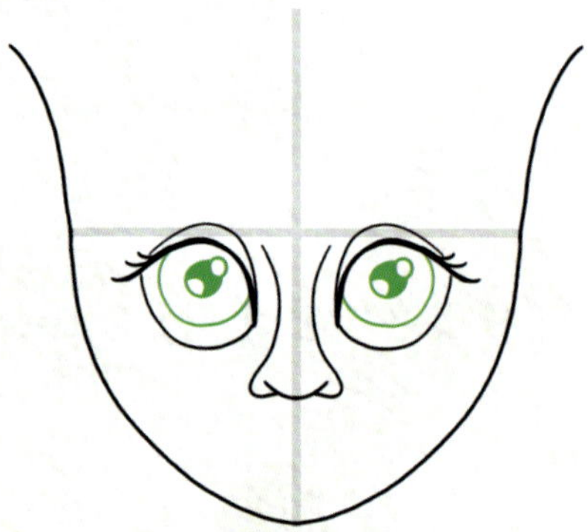

4. Kommen wir zur Iris und den Pupillen.

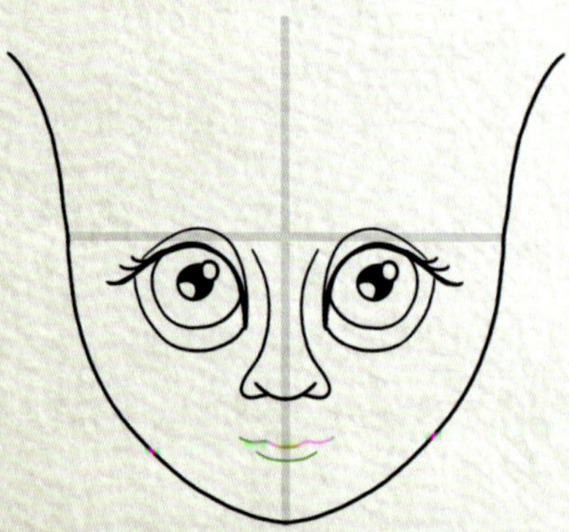

5. Unter der Nase sitzt die Lippe. Zeichne zuerst die Unterlippe.

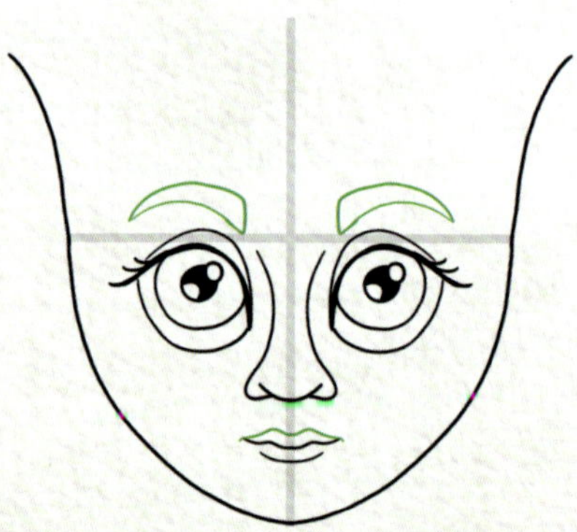

6. Dann die Oberlippe und die Augenbrauen.

7. Diesmal sind die Ohren eher klein, aber natürlich trotzdem spitz.

8. Die Haare bestehen aus Blättern.

9. Wie eine Baumkrone umgeben sie den Kopf.

Dryaden können sich mit Bäumen unterhalten. Doch Vorsicht: Nicht jeder, der sich mit Bäumen unterhält, ist automatisch eine Dryade. Oft ist es einfach jemand, der seine Brille verloren hat. Und wenn der Baum ihm antwortet, wohl auch den Verstand.

Nur Dryaden verstehen und sprechen die Sprache der Bäume. Sie sind die Beschützer aller Pflanzen und sehen beinah selbst aus wie welche. Ihre Haut ist braun oder grün und hat dieselbe Struktur wie Holz.

! Gegenüber siehst du eine Dryade in ihrem natürlichen Lebensraum. Lege ein etwas groberes Stück Holz unter die Seite (ein Frühstücksbrettchen zum Beispiel) und male dann mit einem braunen oder grünen Buntstift die Haut der Dryade an. Wenn du den Stift dabei leicht schräg hältst und nicht zu sehr aufdrückst, überträgt sich die Struktur des Holzes.

In der griechischen Mythologie wird erzählt, dass Dryaden direkt von der Göttin Gaia abstammen. Auch der **Faun**, das nächste Wesen, das ich malen musste, stammt angeblich von einem Gott der Antike ab: von Pan, dem Gott der Hirten.

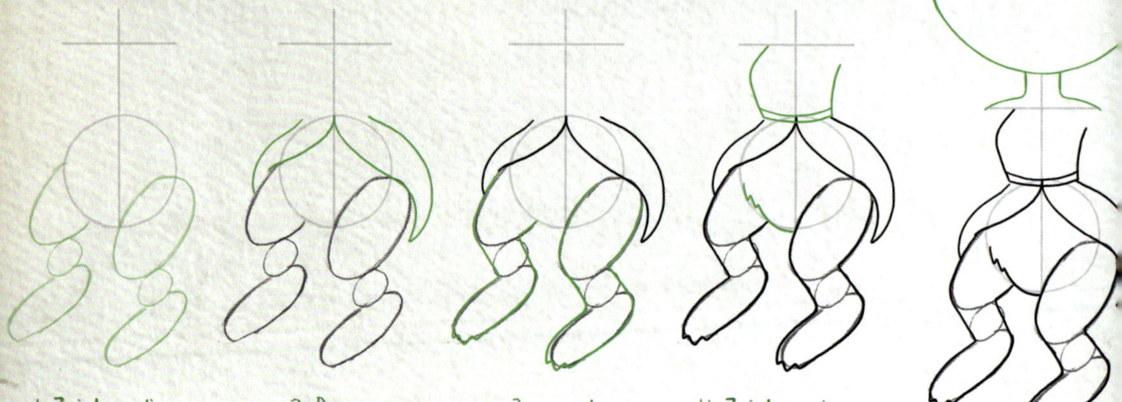

1. Zeichne diese Formen leicht mit Bleistift vor.

2. Dann wechsel den Stift oder drücke stärker auf ...

3. ... und verbinde die vorgezeichneten Formen.

4. Zeichne einen Gürtel und einen Teil des Oberkörpers.

5. Über das vorgezeichnete Kreuz kommen die Schulte und ein Teil des Kopf

6. Zeichne Wimpern und Nase und beginne mit dem Mund.

7. Dann vervollständigst du den Mund und zeichnest die Augen ein.

8. Das Gesicht ist gerahmt von zwei Haarsträhnen, und darüber wachsen zwei kleine Hörner.

9. Die Haare sind ein bisschen gewellt.

10. Kommen wir nun zu den Armen …

11. … und beginnen dann mit den Händen.

12. Vervollständige die Hände und zeichne die Hufen unten an den Beinen ein.

13. Als Letztes zeichne die Ohren, das Schwänzchen und den Ausschnitt des Kleids.

Faune sind halb Mensch, halb Ziege. Ihr ganzer Körper ist mit Fell bedeckt, und auf ihrer Stirn wachsen Hörner. Sie laufen aufrecht auf Hufen an ihren Hinterbeinen, und auch ihre Hände sind eher behuft als befingert. Deswegen sieht man Faune so oft auf Panflöten spielen – für normale Flöten haben sie zu wenige Finger.

Kannst du dir ein Leben mit Hufen als Händen vorstellen? Wie hält man zum Beispiel einen Stift oder Pinsel, wenn man malen möchte?

!

Ich schätze, es ist ähnlich schwer, wie mit dem Fuß zu malen. Versuch das doch mal. Fang am besten mit einer Panflöte an, das könnte vielleicht klappen. Aber schaffst du es auch, einen Faun mit dem Fuß zu malen?

Genau wie Faune und Dryaden war auch die nächste Kreatur, die ich malen sollte, ein Naturwesen: die Sylphe, deren Heimat die Winde waren.

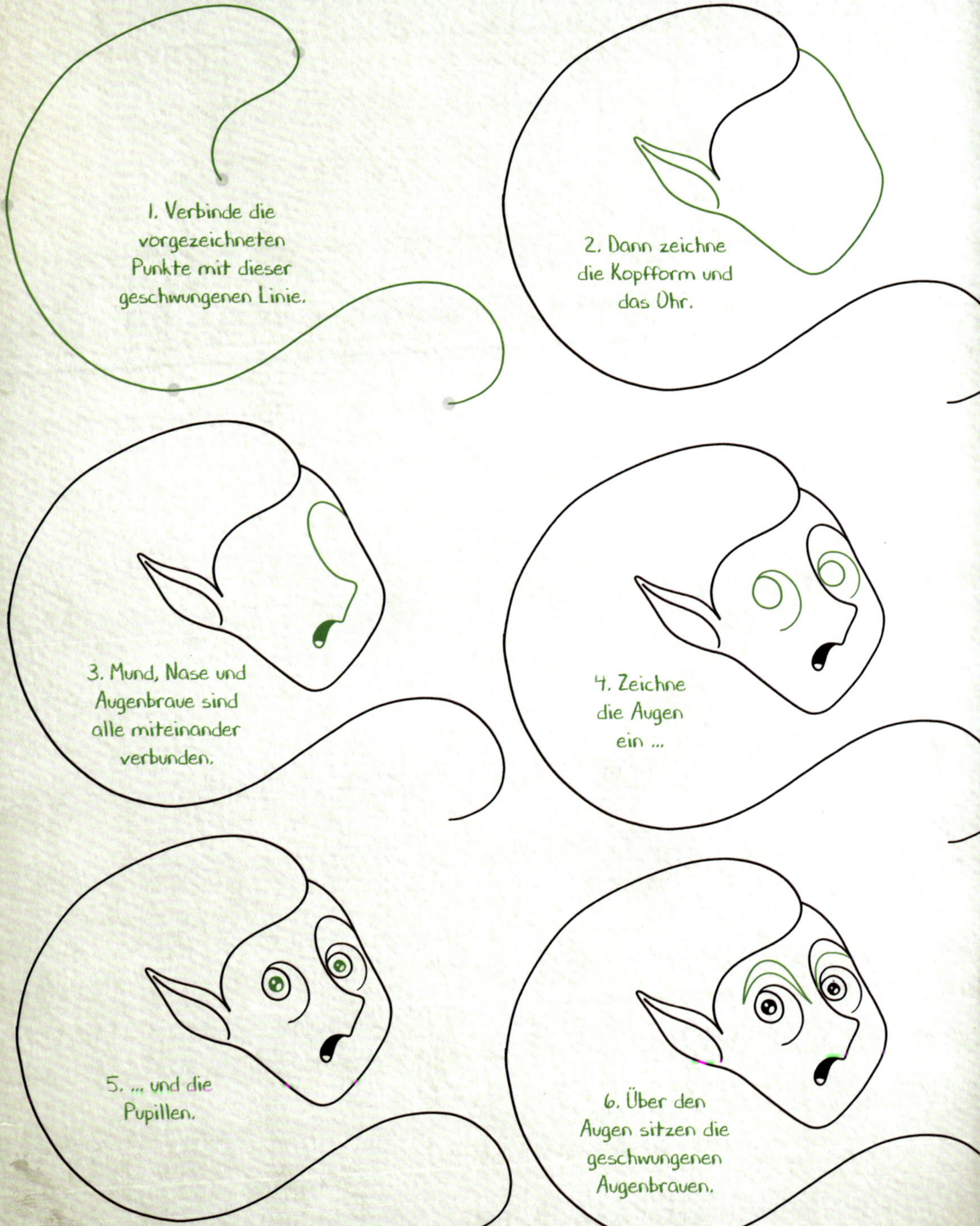

7. Schulter und Hals gehen direkt in eine Haarsträhne über.

8. Zeichne einen Teil der Frisur und die Augenringe.

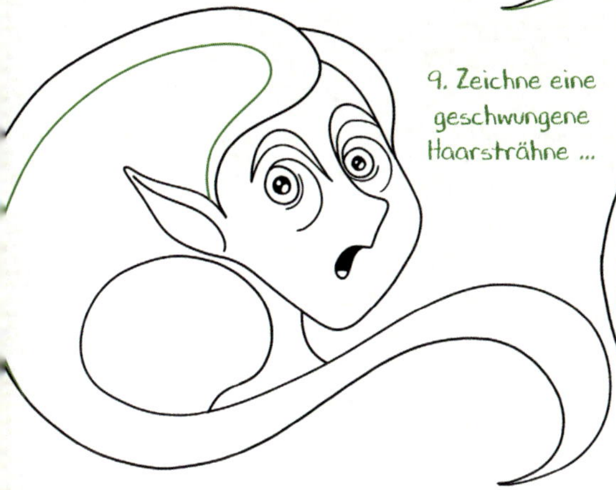

9. Zeichne eine geschwungene Haarsträhne …

10. … und noch eine Haarsträhne.

Sylphen sind Luftgeister. Damit ist nicht die Art von Geistern gemeint, wie ich einer bin. Im Gegensatz zu Totengeistern wie mir besitzen sie einen richtigen Körper. Der ist jedoch so fein und zerbrechlich, dass man sie lieber nicht mit bloßer Hand fangen sollte, wenn man sie nicht verletzen will. Fangen musste Igragurz sie aber, denn er benötigte ein paar ihrer silbernen Haare.

Nachem die Sylphe meine Leinwand verlassen hatte, schwebte sie mit genügend Sicherheitsabstand zu Igragurz und mir aufgeregt auf und ab.

Zu meinem Erstaunen begann Igragurz zu pusten. Von dem unerwarteten Luftstrom erfasst, wirbelte die kleine Sylphe durch das Zimmer. Mit gezielten Luftstößen aus seinen gespitzten Lippen hatte der Alchemist sie bald da, wo er sie haben wollte: in einem kleinen goldenen Käfig.

!

Willst du der armen Sylphe helfen, sich zu befreien? Schneide dafür die Sylphe in der rechten unteren Ecke entlang der gestrichelten Linie aus und lege sie auf den Käfig. Wie lange brauchst du, um sie, nur durch Pusten, bis zum offenen Fenster zu befördern?

Mittlerweile war ich so geschwächt, dass sich der Pinsel in meiner Hand so schwer anfühlte wie ein Troll, der sich aus Gründen, die niemand verstand, einen Oger auf den Rücken gebunden hatte.

Doch Igragurz hatte kein Erbarmen. Ohne Pause ging es weiter – diesmal mit einem **Kappa.**

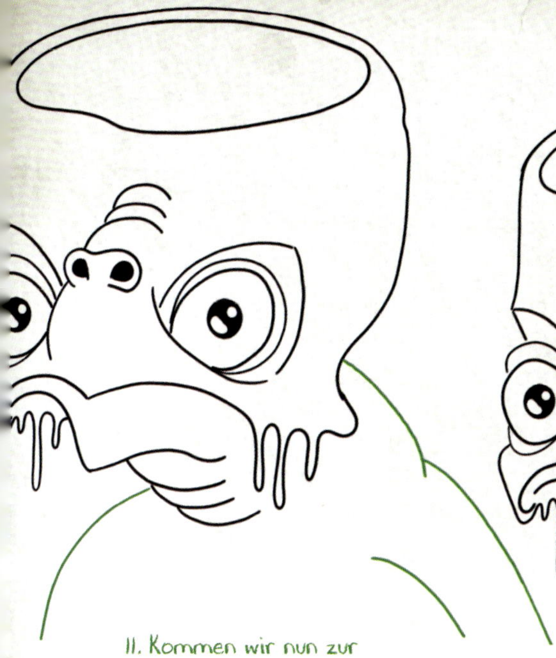

11. Kommen wir nun zur Schulterpartie.

12. Mit einem Bauch- und Rückenpanzer schließen wir den Kappa ab.

Der Kappa ist ein japanischer Wasserdämon. Er sieht aus wie eine zu groß geratene, aufrecht gehende Schildkröte. So lange die Mulde auf seinem Kopf mit Wasser gefüllt ist, kann der Kappa an Land umhergehen und ist übernatürlich stark. Trocknet das Wasser jedoch aus oder wird verschüttet, verliert der Kappa seine Kräfte und muss schleunigst zurück in einen Fluss oder See.

Man könnte jetzt meinen, um das Wasser nicht zu verschütten, bewege sich der Kappa an Land ganz vorsichtig. Doch das Gegenteil ist der Fall. Begegnet der Kappa einem Menschen, wird er ihn mit ziemlicher Sicherheit zu einem Ringkampf herausfordern. Meistens verliert er, weil er das Wasser schon bei der zeremoniellen Verbeugung vor Beginn des Kampfes verschüttet.

Du kannst ja mal einen Ringkampf mit einer Schale Wasser auf dem Kopf ausführen. Wobei, nein, das könnte gefährlich werden. Ich weiß etwas Besseres.

河童

Gib etwas Wasser auf die Markierung in der Mitte des Kappa-Schädels, sodass die Markierung mit einem großen Wassertropfen ausgefüllt ist. Wie heftig kannst du dich mit dem Buch in der Hand bewegen, ohne dass der Tropfen über die gestrichelte Linie hinausschwappt? Schaffst du einen Sprung?

Eine besonders wichtige Zutat für den Stein der Weisen war das Blut eines Drachen. Natürlich wusste ich genau, wie ein **Drache** aussah. Doch ein Ritt durch die frische Luft würde mir bestimmt guttun – außerdem brauchte auch Bellerophon mal wieder einen Ausflug.

Es ging das Gerücht, dass in einer Höhle am Ende des Schattengebirges ein garstiger Drache hauste.

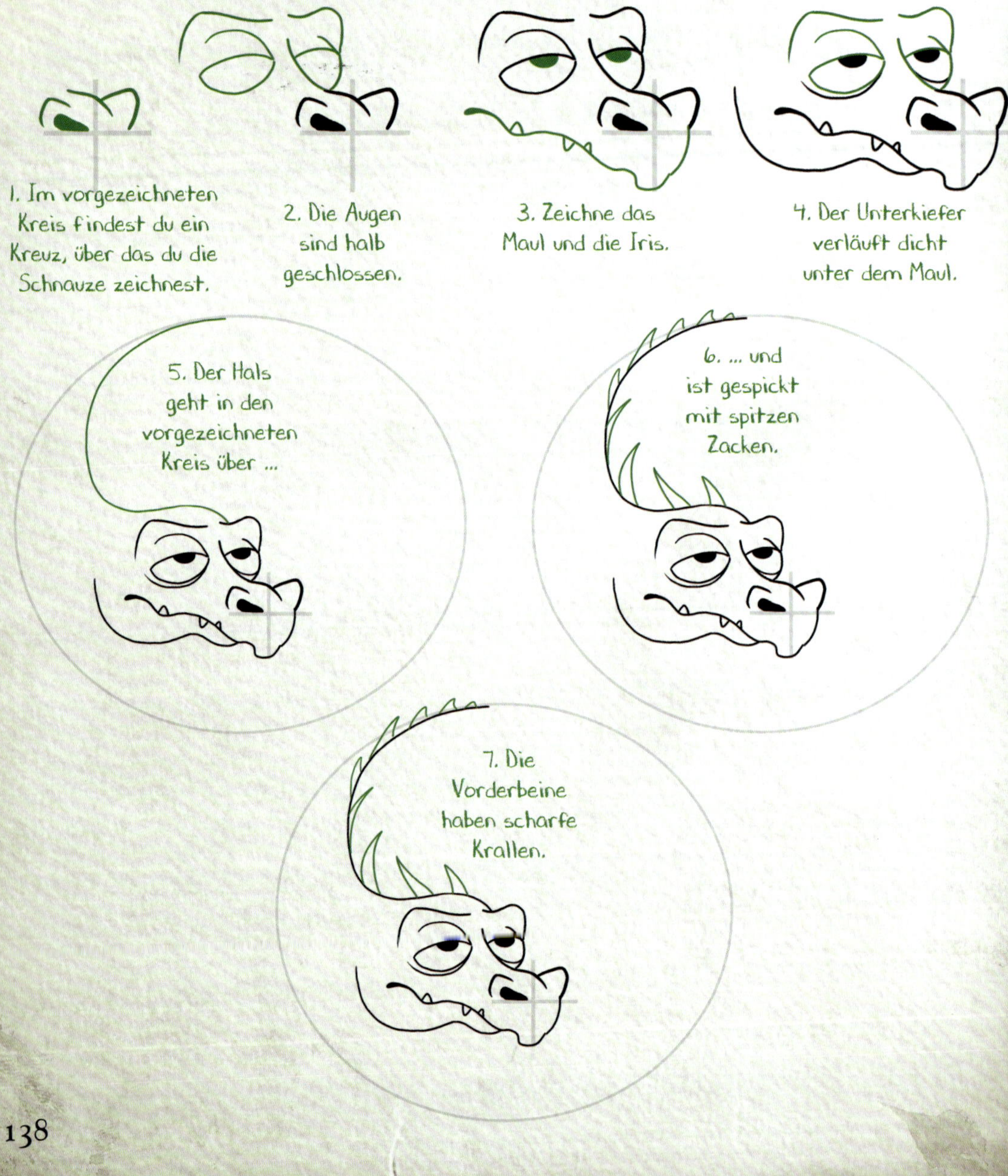

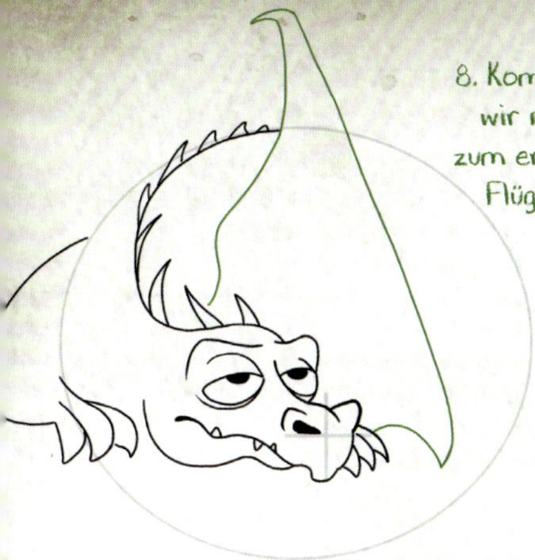

8. Kommen wir nun zum ersten Flügel.

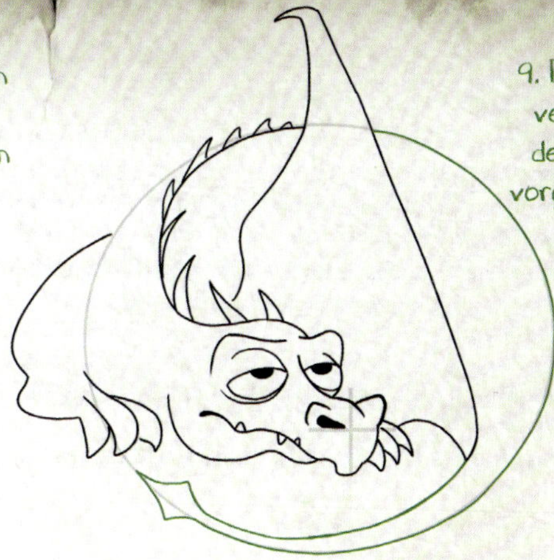

9. Der Schwanz verläuft mit der Linie des vorgezeichneten Kreises.

10. Wir beginnen mit dem zweiten Flügel.

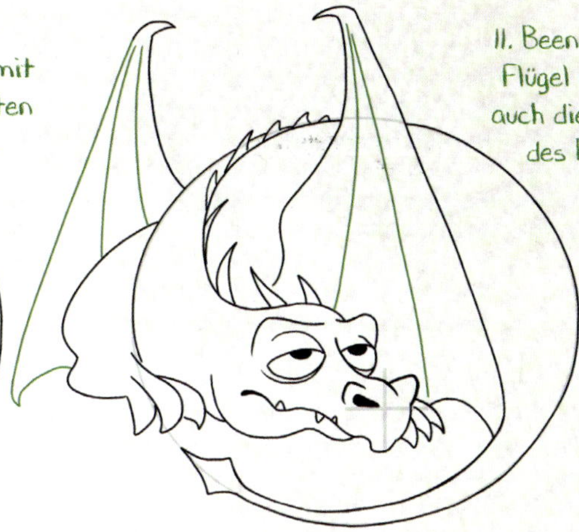

11. Beenden wir die Flügel und damit auch die Zeichnung des Drachen.

Wie du siehst, entsprachen die Gerüchte der Wahrheit. Der Drache hatte den Kopf auf ein Kissen aus Goldstücken gebettet, und aus seinen Nüstern kamen in gleichmäßigen Abständen kleine Rauchwolken. Es war ein fantastisches Motiv: ein echter Drache, der auf einem echten Schatz schlief. Ein Haufen aus Goldstücken, Schmuck und anderen Dingen, die er geraubt hatte.

Hast du auch einen Schatz? Es muss kein Gold oder Schmuck sein. Einfach ein Gegenstand, den du besonders gerne hast und von dem du nicht willst, dass ein Drache ihn raubt und in seinen Hort verschleppt. Male ihn doch in die Mitte des Goldhaufens.

Ich war so vertieft in mein Gemälde, das ich nicht bemerkte, wie die Atemzüge des Drachen unregelmäßiger wurden und er langsam die Augen öffnete.

»Zeig mir das Bild!«, zischte eine Stimme, die so klang, wie geräucherter Fisch roch. Der Drache war erwacht.

Vor Angst zitternd, drehte ich die Leinwand so, dass er das Bild begutachten konnte.

»Hmmm, nicht schlecht«, sagte er. »Aber bin ich wirklich so fett?«

»N-N-Nein, natürlich nicht«, stotterte ich. »Ich male alle immer ein bisschen dicker. D-D-Das ist ... sozusagen mein Erkennungsmerkmal.«

Das Gegenteil war natürlich der Fall. Als königlicher Hofmaler hatte ich gelernt, immer ein bis zwei Kinne weniger zu malen. Edelleute waren da ähnlich empfindlich wie Drachen.

Du kannst ja mal üben, falls du in eine ähnliche Situation kommen solltest. Je nachdem ob du die gepunkteten oder gestrichelten Linien nachzeichnest, wird der Drache dünn oder dick.

»Du wolltest mein Abbild wohl satt aussehen lassen«, zischte der Drache. »Damit es dich nicht frisst, wenn der Alchemist es zum Leben erweckt.«

Ich öffnete den Mund, brachte aber kein Wort heraus. Woher wusste der Drache von Igragurz?

»Ich kann Gedanken lesen«, antwortete der Drache auf meine Frage, die ich noch gar nicht gestellt hatte. »Das ist gar nicht so schwer. Ich muss einfach in deinen Kopf schauen. Klar, mit den Augen geht das nicht, aber man kann auch mit den Gedanken schauen. Versuch es mal. Woran denke ich gerade?«

Ich starrte den Drachen konzentriert an, doch ich sah hauptsächlich seine furchteinflößenden Zähne, seine Gedanken blieben mir verborgen.

Vielleicht hast du ja mehr Glück. Woran denkt der Drache gerade? Zeichne es in die Denkblase:

»Vermutlich fragst du dich, ob ich besser schmecke, wenn du mich direkt verschlingst, oder wenn du mich vorher röstest«, sagte ich.

»Gut geraten«, antwortete der Drache. »Daran hätte ich vermutlich wirklich gedacht, wenn ich mich in den letzten Tagen nicht schon für meinen Winterschlaf satt gefressen hätte. Aber eigentlich habe ich an eine Topfpflanze mit Schnurrbart gedacht.«

»Du lässt mich also am Leben?«, fragte ich erleichtert.

»Klar. Aber lange wirst du eh nicht mehr leben, wenn du weiterhin für den Alchemisten arbeitest.«

»Was willst du damit sagen?«, wollte ich wissen.

»Hast du dich nicht schon einmal gefragt, wie genau der Alchemist es anstellt, dass deine Gemälde zum Leben erwachen?«

Der Drache schien keine Antwort zu erwarten, denn er fuhr fort: »Merkst du nicht, wie du mit jedem Gemälde schwächer wirst? Du kannst ja kaum noch deinen Pinsel richtig halten.«

Und dann erzählte mir der Drache, was ich dir am Anfang des Buches erzählt habe: Um die Gemälde zum Leben zu erwecken, verwendete Ignatius Igragurz meine Lebensenergie. Je mehr Bilder ich malte, desto schwächer wurde ich, bis irgendwann …

Nein! So weit würde ich es nicht kommen lassen!

Hastig verabschiedete ich mich von dem Drachen und lief zu Bellerophon, der draußen am Höhleneingang auf mich wartete.

Zurück in meinem Atelier, verfasste ich sofort meine Kündigung und unterschrieb sie schwungvoll. So eine Unterschrift ist für einen Künstler sehr wichtig, damit man seine Werke erkennt. Das nennt man dann **Signatur**.

Unter meiner Kündigung ist noch Platz,
da kannst du deine eigene Signatur üben.
Je unleserlicher, desto besser.

Sehr geehrter Herr Igragurz,

hiermit möchte ich unverzüglich aus Ihren Diensten entlassen werden.

Hochachtungsvoll

Das Labor von Igragurz war leer. Vielleicht war er in den Keller gegangen.

Vorsichtig stieg ich die glitschige Treppe hinunter in die Dunkelheit.

Was ich dort unten im schummrigen Licht sah, ließ mir den Atem stocken. An den Wänden waren hohe Regale angebracht, in denen unzählige Glasbehälter standen. Darin schwammen in trüber Flüssigkeit leblose Kreaturen und andere abstoßende Dinge. Ich wagte gar nicht, genau hinzuschauen, weil ich fürchetete, eine von mir gemalte Kreatur zu entdecken.

Zeichne eigene Kreaturen oder Gegenstände in die leeren Gläser.

Im nächsten Raum offenbarte sich mir ein noch viel schrecklicheres Bild. Zu beiden Seiten eines langen Flurs befanden sich mehrere Kerkerzellen. Darin saßen traurig alle Kreaturen, die ich gemalt hatte – sogar das Kelpie, das Igragurz angeblich im Fluss ausgesetzt hatte.

An einem Haken neben mir hing ein dicker Schlüsselbund. Ich wusste sofort, was zu tun war.

Weißt du es auch?
Ordne die 4 Schlüssel dem richtigen Schloss zu.

Wir schlichen uns durch den Hinterausgang, um Igragurz nicht über den Weg zu laufen. Er wäre bestimmt nicht erfreut darüber, dass ich seine Gefangenen befreit hatte.

Ich zerknüllte die Kündigung, die ich immer noch in der Hand hielt, und gab sie dem Kobold zu fressen. Dafür war es jetzt zu spät.

Lösung: (von links anch rechts) Elfe, Yeti, Oger, Quappfluppler, Lindwurm, Geflügeltes Pferd (oder Bellerophon), Kobold, Gnom.

Dann schwang ich mich auf Bellerophon. Wir mussten schnellstmöglich von hier verschwinden! Hinter uns verteilten sich die befreiten Kreaturen in alle Himmelsrichtungen.

Weißt du noch, wie sie alle heißen?
Trage ihre Namen ein.

Ich wünschte, ich könnte sagen, das wäre das Ende gewesen. Ein schöner, glücklicher Abschluss, der die Bezeichnung Happy End verdient hätte – außer für den Alchemisten natürlich.

Doch da ich jetzt als Geist über dieses Buch mit dir kommuniziere, ist dir bestimmt längst klar, dass leider alles anders kam. Ganz anders.

Ich bekam nämlich auf einmal einen gewaltigen Schwächeanfall. Meine Hände konnten sich kaum noch an Bellerophons Mähne halten, und um ein Haar wäre ich in die Tiefe gestürzt.

Ich wusste sofort, was der Auslöser war: das Gemälde des Drachen. Igragurz musste es gefunden und zum Leben erweckt haben – natürlich wieder mit meiner Energie. Das erklärte, warum ich mich plötzlich so elend fühlte.

Ein gewaltiges Rauschen hinter uns bestätigte meine Befürchtung. Als ich mich umblickte, sah ich einen riesigen Drachen. Auf ihm saß Ignatius Igragurz. Mit ein paar gewaltigen Flügelschlägen überholte uns der Drache und stellte sich uns in den Weg. Dann öffnete er sein gewaltiges Maul und spuckte Feuerbälle in unsere Richtung. Bellerophon, der zusätzlich noch von der untergehenden Sonne geblendet wurde, hatte große Schwierigkeiten, den feurigen Geschossen auszuweichen.

! Setze deinen Stift vor Bellerophons Kopf an und zeichne mit geschlossenen Augen eine Linie, die an Igragurz und dem Drachen vorbei führt.

Berühre dabei aber keinen der Feuerbälle!

Einer der Feuerbälle traf Bellerophon am linken Flügel. Er schlingerte durch die Luft und landete holprig am Ufer eines Sees. Eilig tauchte er seinen brennenden Flügel ins Wasser. Fliegen konnte er nicht mehr. Mir blieb also nichts anderes übrig, als alleine weiterzufliegen. Ich schoss in die Lüfte, und erst als der See unter mir nur noch eine kleine Pfütze war, merkte ich, dass etwas nicht stimmte.

Seit wann konnte ich fliegen?

Verwirrt schwebte ich in der Luft und betrachtete meine Hände. Sie waren kaum zu sehen. Nur wenn ich sie bewegte, sah ich sie durchsichtig und silbrig schimmernd vor meinen Augen.

Da du, verehrter Leser, mein Schicksal kennst, ahnst du wahrscheinlich schon, was geschehen war: Die Erschaffung des Drachen hatte meine letzte Lebensenergie aufgebraucht. Ich war gestorben und hatte es noch nicht einmal bemerkt.

Und hier hing ich jetzt 100 Meter über dem Boden als Gespenst in der Luft.

Erst als ein Buch auf mich zugeschossen kam, erwachte ich aus meiner Erstarrung. Ich wich dem dicken Wälzer aus, doch schon segelte das nächste Buch in meine Richtung. Es schnappte sogar nach mir. Igragurz musste einen Großteil

seiner Bibliothek mitgenommen haben und aus irgendeinem Grund bewarf er mich jetzt damit.

Wenn du auch mal ausprobieren willst, wie schwer man schnappenden Büchern entkommt, schneide meine Geisterfigur entlang der gestrichelten Linie aus. Du kannst die Figur natürlich auch abpausen, falls du das Buch nicht zerschneiden magst, oder Sorge hast, es könnte mir wehtun.

Ein Freund oder eine Freundin von dir hält dieses Buch und schnappt damit nach der Geisterfigur, die du an der Haltelasche darüber baumeln lässt.

Gelingt es dir, die Figur rechtzeitig wegzuziehen? Versucht es 5 Mal hintereinander und wechselt dann die Rollen.

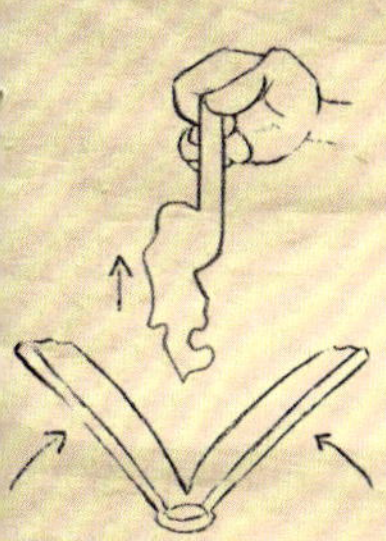

Name		
Spiel 1	○ ○ ○ ○ ○	○ ○ ○ ○ ○
Spiel 2	○ ○ ○ ○ ○	○ ○ ○ ○ ○
Spiel 3	○ ○ ○ ○ ○	○ ○ ○ ○ ○
Spiel 4	○ ○ ○ ○ ○	○ ○ ○ ○ ○
Spiel 5	○ ○ ○ ○ ○	○ ○ ○ ○ ○
Spiel 6	○ ○ ○ ○ ○	○ ○ ○ ○ ○
Spiel 7	○ ○ ○ ○ ○	○ ○ ○ ○ ○
Gesamtpunktzahl		

1
12
8
5
4
9
11
2
7
3
10

Ganz schön schwierig, oder? Jedenfalls traf mich irgendwann eines der Bücher, und anstatt an mir abzuprallen oder einfach durch meine körperlose Geistergestalt zu fliegen, verschluckte es mich.

Um mich herum war plötzlich nur noch Dunkelheit und der Geruch von Papier, Leder und Druckerschwärze. Dann traf mich ein magischer Bannspruch. Ignatius Igragurz wollte das Buch verfluchen, sodass ich nie wieder hinauskam. Wie du weißt, gelang ihm das. Ich habe diesen entscheidenden Moment auf der linken Seite für dich festgehalten.

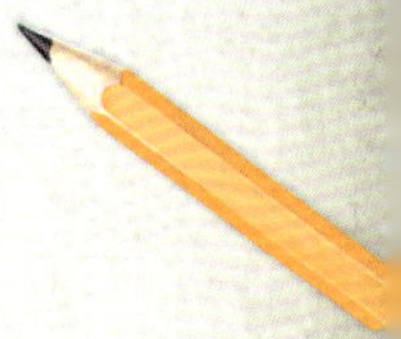

Wenn du die Punkte in der richtigen Reihenfolge verbindest, siehst du das magische Kraftfeld, mit dem der Alchemist mich in das Buch einschloss.

Die nächsten Jahrzehnte waren geprägt von Langeweile. Es geschah äußerst selten, dass mich jemand aus dem Regal nahm und aufschlug. Der Letzte war ein gewisser Wolfgang Amadeus Mozart. Ich habe ihn auch dazu bringen können, ein paar Kreaturen zu kritzeln. Aber er hat schon bald das Interesse verloren und meinte, er müsse Klavier üben. Ich hoffe für ihn, dass er am Klavier mehr Talent hatte, denn zum Zeichnen hatte er weniger Begabung als eine Essiggurke.

Hier siehst du ein paar von Mozarts unbeholfenen Kritzeleien.

Male doch ein paar eigene Monster dazu. Ich wette, du kannst das mittlerweile viel besser.

Jetzt weißt du, wie ich hier in diesem Buch gelandet bin. Und hast geholfen, mich wieder herauszuholen. Ich hoffe, es hat dir Spaß gemacht.

Mittlerweile stecke ich fast komplett in deinem Stift.

Im Gegensatz zu diesem Buch, kann mein Geist deinen Stift jederzeit verlassen, weil du ihn ja nicht mit einem Fluch belegt hast. Aber wann immer du ein Monster zeichnest, kehre ich in den Stift zurück und helfe dir dabei.

Vielleicht bist du enttäuscht, dass die Kreaturen, die du zeichnest, nicht auch zum Leben erwachen. Aber glaub mir, es ist besser so.

Außerdem leben auch in deiner Zeit noch genügend seltsame und faszinierende Kreaturen.

Es geht das Gerücht, dass in tropischen Gewässern ein garstiges Monstrum lebt. So lang wie ein Basilisk, mit Zähnen scharf wie die eines Lindwurms und Schuppen so hart wie die eines Drachen. Und in den Steppen Afrikas leben riesige Ungetüme, größer als Trolle mit einer Nase, die bis zum Boden reicht, und riesigen Zähnen, die wie Waffen aus ihrem Maul ragen. Von den Kolossen in den Tiefen des Meeres ganz zu schweigen. Wesen, so groß wie Häuser, mit einem Gesangstalent, das jede Meerjungfrau vor Neid erblassen lassen würde.

Ich hoffe, diesmal wird alles dafür getan, dass diese magischen Wesen nicht auch aussterben.

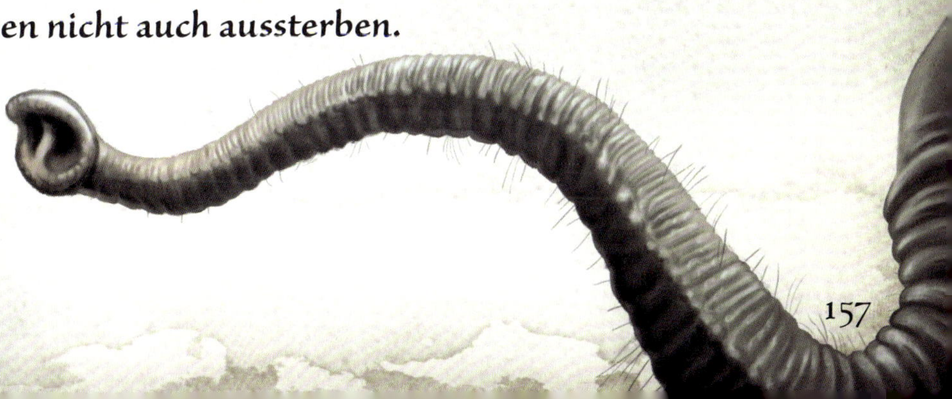

Weißt du, von welchen Kreaturen ich spreche? Wenn ja, zeichne sie hier hinein. Falls du eine Vorlage brauchst, mach es am besten so wie ich und Bellerophon und gehe mit deinem Zeichenstift nach draußen in die Wildnis oder den Zoo.

Siehst du, wie meine Schrift immer schwächer wird? Ich löse mich mehr und mehr aus diesem Buch. Bald haben wir es geschafft. Aber vorher habe ich eine letzte Aufgabe für dich:

Welche der Kreaturen, die du gelernt hast, hat dir am besten gefallen? Zeichne sie hierhin:

Super, besser hätte ich es auch nicht hinbekommen. Jetzt bleibt mir nur noch, Danke zu sagen. Nicht nur für die Befreiung aus diesem Buch, sondern auch für den Spaß, [illegible]

Adam Monster
Willkommen in Monsterville
€ 12,00, Hardcover
ISBN 978-3-7488-0005-7
Ab 9 Jahren

Dein Lehrer ist eine Mumie? Eure Bibliothekarin eine Schlange? Und keinen außer dir scheint das irgendwie nervös zu machen? Willkommen in Ost-Emerson!

Als Ben nach Ost-Emerson zieht, wird ihm schnell klar, dass diese Kleinstadt anders ist. Sie wird von einem Haufen Monstern bewohnt. Mumien, Meerhexen, Zombies, Werwölfe, Maulswurfsmenschen … Ben muss hier weg! Doch dann verschwindet sein Hund Fred. Auf der Suche nach einem Lebenszeichen von ihm tauchen Ben und seine Freunde Lucy und Linus immer tiefer in die Geheimnisse von Ost-Emerson ein – und machen dabei Bekanntschaft mit ziemlich ungemütlichen Monstern …

DRAGONFLY – So bunt wie das Leben!

www.dragonfly-verlag.de